Bendikowski/Hoffmann/Sawicki
Geschichtslügen

Tillmann Bendikowski, Dr.phil., geb. 1965, Journalist und Historiker, Bochum. Dissertation über „Kirchliche Ostsiedlungsarbeit in der Weimarer Republik". Arbeitsschwerpunkt: Religiöse und weltanschauliche Konflikte im 19. und 20. Jahrhundert.

Arnd Hoffmann, geb. 1967, Historiker, Essen. Dissertationsprojekt über „Zufall und Kontingenz in der neueren Geschichtstheorie und Historiographie". Arbeitsschwerpunkt: Geschichtstheorie und historische Zeitkonzepte.

Diethard Sawicki, geb. 1968, Historiker, Bochum/Bielefeld. Dissertationsprojekt über „Geisterseherei und die Entstehung des Spiritismus in Deutschland 1770-1900". Arbeitsschwerpunkt: Themen der Kulturgeschichte und Historischen Anthropologie.

Tillmann Bendikowski/Arnd Hoffmann/
Diethard Sawicki

Geschichtslügen

Vom Lügen und Fälschen im Umgang
mit der Vergangenheit

WESTFÄLISCHES DAMPFBOOT

Gedruckt mit Unterstützung der „Hans-Böckler-Stiftung".

Die Deutsche Bibliothek – CIP-Einheitsaufnahme

Bendikowski, Tillmann: Geschichtslügen : vom Lügen und Fälschen im Umgang mit der Vergangenheit / Tillmann Bendikowski; Arnd Hoffmann; Diethard Sawicki. - 1. Aufl. - Münster : Westfälisches Dampfboot, 2001
ISBN 3-89691-499-5

1. Auflage Münster 2001
© 2001 Verlag Westfälisches Dampfboot, Münster
Alle Rechte vorbehalten
Umschlag: Lütke · Fahle · Seifert, Münster
Druck: Rosch-Buch Druckerei GmbH, Scheßlitz
Gedruckt auf säurefreiem, alterungsbeständigem Papier.
ISBN 3-89691-499-5

Inhalt

Die Historiker und die Lügen
Eine Einleitung

In seinem 1936 erschienenen Roman „Höret die Stimme", in dem Franz Werfel das Leben und Leiden des Propheten Jeremias schildert, beschreibt er das Zusammentreffen eines Historikers und einer Journalistin, die mit einer gelehrten Reisegruppe das Heilige Land besuchen. Als der Historiker wieder einmal zu einer fachkundigen, aber wie immer viel zu langatmigen Erläuterung der historischen Stätten ausholt, wird er unterbrochen: „Die Historiker blicken auf uns Journalisten verächtlich herab. Doch ich sage Ihnen", so fügt die junge Journalistin hinzu, „wenn unsereins über ein zeitgenössisches Ereignis solch einen überfüllten Bericht erstattete wie Sie, keine Zeitung würde ihn drucken." – „Sie vergessen", wehrt der Angesprochene den Angriff ab, „daß wir weniger lügen dürfen als ihr."

Damit spricht die Romanfigur etwas aus, was bis heute für das Bild vom Historiker weithin unverzichtbar erscheint – seine Verpflichtung zur Wahrhaftigkeit. Anders formuliert: Historiker lügen nicht. Dies ist auch in der eigenen „Zunft" eine weitverbreitete Selbstverständlichkeit, gilt doch die Fälschung im Sinne einer materialisierten Täuschung seit der Professionalisierung der Disziplin im 19. Jahrhundert aus der Geschichtswissenschaft als vertrieben. Für den einzelnen Historiker bringt eine vorgebrachte Lüge sogar eine berufliche Gefahr mit sich, muss er doch den Ausschluss aus der „Science community" fürchten, sollte er als Lügner überführt werden. Denn damit hätte er jene Glaubwürdigkeit in die vermeintliche Redlichkeit seiner Wissenschaft verspielt, derer diese so dringend bedarf – Geschichtsschreibung kann ohne Glaubwürdigkeit nicht existieren.

So hat in den historischen Wissenschaften die Lüge wenig Chancen. Doch vielleicht gerade weil der geschichtswissenschaftliche Diskurs mit seinen rationalen Regeln und Verfahrensweisen sie weitgehend ausschließt, übt die Lüge eine eigentümliche Faszination aus. So ist außerhalb der akademischen Arbeit die Auseinandersetzung mit der Vergangenheit untrennbar mit Fälschungen, Lügen und dem Vorwurf der Lüge verbunden. Sowohl dort als auch in der Wissenschaft lässt sich eine besondere Form des Umgangs mit der Vergangenheit beobachten: die individuelle „Lebenslüge", die in Deutschland nach 1945 eine besondere Karriere gemacht hat, wenn die eigene Lebenszeit zu eng mit der nationalsozialistischen Herrschaft verknüpft war. Ein eindrucksvolles Beispiel dafür wurde der deutschen Öffentlichkeit in den 90er Jahren mit dem Aachener Germanistikprofessor Hans Schwerte vorgeführt, dessen vermeintlich untadeliges Gelehrtenleben darüber hinwegtäuschen sollte, dass er bis zum Kriegsende der SS-Mann Hans Schneider war. Was auf den ersten Blick als bizarrer Einzelfall unter dem Titel „Mit der Lüge leben" erschien, warf allerdings rasch Fragen nach der Einzigartigkeit eines solchen Umgangs mit der belasteten Vergangenheit auf: „Viele der neuen Lebensläufe", so hielt die „Zeit" mit Blick auf die junge Bundesrepublik fest, „begannen mit einer Täuschung";[1] und die „Süddeutsche Zeitung" sprach von der für manchen schockierenden Einsicht, dass „die Bundesrepublik auch aus den Lügen der rund 80.000 'Braunschweiger' bestand".[2]

Dass – tatsächliche oder vermeintliche – Täter zu Lüge und Fälschung greifen, mag auf den ersten Blick noch plausibel erscheinen: Angst vor Strafe, das Weiterleben unter neuen Bedingungen, möglichst im Schutz der Familie und mit Aussicht auf berufliche Karriere machen ein solches Verhalten gedanklich nachvollziehbar. Vor größere Probleme werden Öffentlichkeit und Geschichtswissenschaft allerdings bei den blanken Lügen vermeintlicher „Opfer" gestellt. Dies war der Fall, als eines der erfolgreichsten Bücher der Erinnerungskultur als Fälschung entlarvt wurde. In seinen Erinnerungen „Bruchstücke" hatte Binjamin Wilkomirski die Schreckensszenarien seiner Kindheit im NS-Vernichtungslager geschildert. Was dieses in zwölf Sprachen übersetzte Werk von anderen Darstellungen Holocaust-Überlebender unterschied, „war eine bislang unbekannte Anhäufung grässlicher Szenen, die manche Kritiker von einer literarischen Gewaltpornographie sprechen ließen".[3] Doch schließlich stellte sich die Darstellung als Fälschung heraus, Wilkomirskis „Erinnerungen" waren erfunden. Dahingestellt bleibe an dieser Stelle, ob der

Autor wirklich vorsätzlich „gefälscht" hat, oder ob es sich hier nicht eher um eine vor allem für die an Erinnerung und Gedächtnis interessierte Kulturwissenschaft beachtenswerte kognitive Fehlleistung handelt, nach der jemand die eigenen Erinnerungen nicht von dem trennen kann, was ihm im weitesten Sinne „erzählt" worden ist.

Eine Besonderheit der Geschichtslüge besteht darin, dass vereinzelte Fälle justiabel sind. Das prominenteste Beispiel dafür ist sicherlich die sogenannte „Auschwitz-Lüge", mit der die Verfolgung und Vernichtung der Juden während des „Dritten Reichs" in Abrede gestellt wird. Der Bundesgerichtshof hat 1979 entschieden, dass dieses Leugnen strafbar ist; seit 1985 droht laut Strafgesetzbuch demjenigen bis zu fünf Jahren Haft, der den Völkermord billigt, verharmlost oder leugnet (§ 194 StGB). Doch nicht nur in Deutschland sind bestimmte Geschichtslügen strafbar. So wurde im Frühjahr 1998 in Paris der 84jährige Roger Garaudy zu einer Geldstrafe von 120.000 Francs verurteilt, weil er in seinem 1986 erschienenen Buch „Gründungsmythen der israelischen Gesellschaft" auf systematische Weise und unter Berufung auf notorisch revisionistische Literatur „die Existenz von Verbrechen gegen die Menschlichkeit, die an der jüdischen Gemeinschaft begangen wurden", geleugnet hat. In seinem Werk hatte er u.a. Zweifel an der Existenz von Gaskammern erhoben und angedeutet, der israelische Staat setze seit seiner Gründung den Holocaust als moralisches Druckmittel seiner Politik ein. Grundlage der Verurteilung in Frankreich war ein Gesetz aus dem Jahre 1990, das es verbietet, Verbrechen gegen die Menschlichkeit in Zweifel zu ziehen, die der Nürnberger Gerichtshof als solche definierte. Demnach dürfte allerdings auch die Version der Erschießung der polnischen Offiziere im Wald von Katyn durch die Deutschen - tatsächlich aber von den Sowjets begangen - theoretisch noch immer nicht bestritten werden. Auch ernstzunehmende französische Historiker erheben deshalb Einwände gegen das Gesetz, berichtete der Korrespondenz der „Süddeutschen Zeitung" aus Paris und gab zu bedenken: „Denn wenn kurz vor dem Jahr 2000 einer Obrigkeit das Recht zugestanden wird, historische Wahrheit per Gesetz zu statuieren, ist das Risiko groß, daß das neue Jahrtausend der Mitte des zweiten recht ähnlich wird."[4]

Diese sehr unterschiedlichen Beispiele illustrieren, dass im gesellschaftlich-historischen Diskurs die Lüge präsent ist. Dort zeigt sich ihre enorme Attraktivität sowohl für jene, die sie für ihre Zwecke einsetzen, als auch für die anderen, die sie aufdecken wollen. Die Lüge ist umgeben von der Aura des Geheimnisvollen, des Verbotenen, des Gewalttätigen. Dabei weckt sie auch die Hoffnung, jemanden der Lüge überführen zu können und dadurch ein Geheimnis zu lüften oder die „wirkliche Wahrheit" zu entschleiern. Wer über Lüge spricht, grenzt aus und erhebt fundamentale Vorwürfe. Für die Geschichtswissenschaft wird dieses Phänomen von besonderer Bedeutung, wenn dabei über Vergangenheit verhandelt wird. Wer im politisch-gesellschaftlichen Diskurs von „Geschichtslügen", von einer Klitterung oder Verklärung der Geschichte spricht, hat stets auch eine eigene Vorstellung von „Wahrheit". Dies bedeutet wiederum, dass hinter dem scheinbar unwissenschaftlichen Skandalon der Lüge die Frage nach der historischen Wahrheit steht – ein theoretisches Kernproblem der Geschichtswissenschaft.

Wie notwendig für die Geschichtswissenschaft die Beschäftigung mit der Lüge ist, zeigt auch die seit dem Historikertag 1998 mit Nachdruck geführte Debatte um die Rolle der deutschen Historiker im Nationalsozialismus. Der Historiker Peter Schöttler hat mit Recht auf das moralische und erkenntnistheoretische Problem der Disziplin verwiesen, als er auf die Begründer der deutschen Geschichtswissenschaft nach 1945 einging. Diese hätten angesichts ihrer belasteten Rolle während des Nationalsozialismus nach Kriegsende nicht lediglich „kleine, banale 'Lebenslügen'" präsentiert, um „unbelastet" weiterarbeiten zu können. „Es ging um echte Lügen, um das konkrete Verschweigen oder Verdrehen von Tatsachen, um die Vernichtung belastender Dokumente, um die Verhinderung von Aufklärung bei gleichzeitiger Beteuerung der eigenen Unschuld." Wenn sich die Geschichtswissenschaft also mit der eigenen jüngsten Vergangenheit beschäftigt, stehe sie aus eben diesem Grund vor einem besonderen Problem des „Verstehens" entschwundener historischer Wirklichkeit. „Denn im Grunde", so urteilte Schöttler für sich und seine Kollegen, „gehen wir intuitiv davon aus, daß in allen vorhandenen Quellen – aber besonders in den direkten Aussagen der Betroffenen – der Versuch gemacht wird, die Wahrheit zu sagen." Wenn allerdings bewusst etwas verschwiegen oder gelogen werde, sei jedes Verstehen verfälscht, „jeder Objektivisierungsversuch im Kern getroffen".[5]

Mit diesem Buch wollen die Verfasser aus unterschiedlichen Perspektiven die Bedeutung und die Funktion von „Geschichtslügen" untersuchen, ein Begriff, der durchaus schon in der Sprachpraxis des 19. und 20. Jahrhunderts vorkommt. Dabei verstehen sie diesen Begriff als ein Konstrukt ohne spezifisch materiellen Gehalt, als einen Ober- und Kunstbegriff mit vielfältigen Facetten, die es gleichzeitig sehr wohl ermöglichen, konkrete Vergangenheiten zu fassen. Insgesamt zeigen die verschiedenen Beiträge dieses Bandes, dass sich im Übergang von Geschichtswissenschaft und lebensweltlicher Beschäftigung mit der Vergangenheit ein weites Feld der Uneindeutigkeit, Ungewißheit und Unübersichtlichkeit eröffnet, auf dem heftige Auseinandersetzungen um Lügen und Fälschungen stattfinden. Es gilt zu klären, in welchen *diskursiven Zusammenhängen* über Vergangenheit die Lüge und der Vorwurf der Lüge virulent werden, welche *Mechanismen* bei der Positionierung und dem vermeintlichen Aufdecken einer Lüge zu Tage treten und inwiefern die *Geschichtswissenschaft als Korrektiv* der „Geschichtslüge" und ihrer Spielarten auftreten sowie ihre Kompetenz als kulturwissenschaftliches Instrument historischer Aufklärung zur Geltung bringen kann.

Im ersten Beitrag „Klios 'doppeltes Herz' – Zur Bedeutung von Lüge und Fälschung in der Geschichtswissenschaft" zeigt *Arnd Hoffmann*, inwieweit der Begriff der Lüge einen facettenreichen Grenzbegriff der Geschichtswissenschaft darstellt und welche Bedeutung diesem in verschiedenen Bereichen des historischen Forschens zukommen kann. Auf den ersten Blick scheint die Lüge als vordringlich sittlich-moralischer Vorwurf emotional zu behaftet, um im rationalen kommunikativen Wissenschaftsdiskurs über Geschichte ernsthaft formuliert zu werden. Doch eine theoretische und begriffliche Klärung macht deutlich, dass der Begriff der Geschichtslüge – am offensichtlichsten in der Quellenkritik als methodische Zurückweisung von Fälschungen – auf verschiedenen Ebenen der Geschichtsschreibung virulent und herausfordernd ist: für ihren aufklärerischen Anspruch als eine historische Kritik der eigenen Gegenwart und in der existenziellen Verbindung der Zunft mit ihrer eigenen Geschichte. Besonders an dem Begriff der „Lebenslüge" wird zu zeigen sein, wie sich die Geschichtswissenschaft trotz ihrer kühlen methodischen Rationalität mit Lügen auseinandersetzen muss, wenn namhafte Historiker wegen ihrer gesellschaftspolitischen Rolle und wissenschaftlichen Biographie im Nationalsozialismus unter den Verdacht der Unredlichkeit und Unwahrhaftigkeit geraten.

An diese theoretische Klärung der Geschichtslüge als Ordnungsbegriff knüpft *Tillmann Bendikowski* mit seinem Beitrag über „Protestantische Geschichtslügen" an. Er zeigt, wie der Kampfbegriff der „Geschichtslüge" am Ende des 19. Jahrhunderts in Deutschland Karriere machte: Vor dem Hintergrund der sich in den 1880er Jahren massiv verschlechternden Beziehungen zwischen Katholizismus und Protestantismus hatten konfessionelle Streitschriften über vermeintliche Geschichtslügen der „anderen Seite" Konjunktur. Einerseits legen sie ein eindruckvolles Beispiel eines spezifisch konfessionellen Gezerres um die Geschichte und ihr Deutungsmonopol ab, andererseits lässt sich zeigen, wie der Begriff der „Geschichtslüge" mit Blick auf eine innere Konfliktgeschichte des Kaiserreichs plaziert wurde.

Diethard Sawicki geht in seinem Beitrag „Lügenkaiser Karl der Große?" den historischen Vorläufern und den weltanschaulichen Wurzeln eines spezifischen Fälschungsvorwurfs nach, der seit einigen Jahren auf beständiges Medieninteresse stößt: In der Anhängerschaft Heribert Illigs wird die These kolportiert, die Geschichte der Jahre 614 bis 911 sei eine Erfindung mittelalterlicher Fälscher; Karl der Große habe also nie gelebt. Sawicki zeigt die Tiefenstruktur dieser Argumentation und erläutert, warum Illigs Thesen nur auf der Ebene handlungs- und geschichtstheoretischer Reflexionen widerlegbar sind. Hinter diesen Gedankengebäuden scheint ein katastrophisches Weltbild mit verschwörungstheoretischen Bezügen auf, und erst auf der Ebene dieses Weltbildes sind sie wirksam zu kritisieren. Die Debatte um das „erfundene Mittelalter" erweist sich als Lehrstück über die Theoriebedürftigkeit von Geschichtswissenschaft.

Wie die Frage von Lüge und Wahrheit im politischen Raum die Auseinandersetzung über die Vergangenheit prägt, zeigt *Tillmann Bendikowski* in seinem Aufsatz „'Das ist die Wahrheit' - Was ist die Lüge?". Die Betrachtung der Bundestagsdebatte vom 13. März 1997 zur Ausstellung über die Verbrechen der deutschen Wehrmacht macht zunächst deutlich, wie die „historische Wahrheit" politisch vereinnahmt wird und damit zugleich dem politischen Gegner potentiell die historische Lüge unterstellt. Er schildert Inhalte und Begriffe der Diskussion, ehe er nachzeichnet, wie mithilfe von persönlichen Erinnerungen der

Bundestagsabgeordneten aus der Auseinandersetzung über die *Geschichte* ein Gespräch über *Geschichten* wurde. Der anfangs vorherrschende Antagonismus von Wahrheit und Lüge wurde somit aufgehoben im Sinne einer „Erinnerungskultur", die den um Erkenntnis und Urteil ringenden Historikern die Arbeit schwer macht.

Über persönliche Erfahrungen im Umgang mit „Geschichtslügen" berichtet schließlich in einem Interview *Prof. Dr. Hans Mommsen.* Ihm attestierte im vergangenen Jahr Ian Kershaw „die Genauigkeit und Ehrlichkeit seiner historischen Methode", die es ihm ermöglicht, „jede Art von akzeptierten Tabus zu überprüfen, fest verwurzelte historische Legenden und Mythen zu enttarnen".[6] Dies gilt vor allem für Mommsens Arbeiten über den Reichstagsbrand vom März 1933 und die Geschichte des Widerstandes - beide Komplexe sind Gegenstand des Interviews. Darin berichtet er von seinen Konfrontationen mit Lügen oder Fälschungen und formuliert zugleich seine Skepsis gegenüber der viel zitierten aufklärerischen Wirkung der Geschichtswissenschaft, Lügen, Legenden und Mythen wirksam zurückzuweisen.

Den Verfassern geht es nicht um die empirische Zurückweisung einzelner Lügen in einem aufklärerischen Sinne oder um moralische Entrüstung. Sie wollen vielmehr eine Sensibilisierung historisch Interessierter für die Spielarten und Mechanismen der „Geschichtslügen" erreichen. Dass dies stets notwendig ist, mag die Fortsetzung jenes eingangs zitierten Wortwechsels aus Franz Werfels Roman zeigen. Der Historiker hatte die junge Journalistin zwar belehrt, seine Zunft dürfe weniger lügen als dies in den Zeitungen möglich sei, doch seine Gesprächspartnerin wollte dies nicht gelten lassen. Sie drehte den Vorwurf kurzerhand um und konterte: „Und dabei hat die Wissenschaft den kostbaren Vorzug, unkontrolliert und undementiert lügen zu können." Ob dem tatsächlich so ist, sei dahingestellt. Auf jeden Fall führen solche wechselseitigen Lügenvorwürfe wie in dieser Episode zwischen Historiker und Journalistin in eine kommunikative Sackgasse. Mit Blick auf die hier behandelten Geschichtslügen zeigt sich, dass sich hinter diesem Begriff weit mehr verbirgt als die Gelegenheit zu einem solchen austauschbaren und unfruchtbaren Lügenvorwurf. Vielmehr zeichnen sich bei vorsichtiger Annäherung die Konturen eines schillernden Phänomens ab, das auch die Verfasser dieses Bandes in seinen Bann geschlagen hat.

Anmerkungen

1 Ulrich Greiner: Art. *Alias. Der Fall Schwerte oder: Mit der Lüge leben*, in: *Die Zeit* Nr. 2 (2. Januar 2000), S. 29.

2 Frank Gerstenberg: Art. *Der „Braun-Schweiger". Germanist Hans Schwerte alias SS-Mann Hans Schneider ist tot*, in: *Süddeutsche Zeitung*, 30. Dezember 1999, S. 17.

3 Lorenz Jäger: Art. *Bruchstücke. Adieu „Wilkomirski"*, in: *Frankfurter Allgemeine Zeitung*, 13. Oktober 1999, S. 49. Vgl. zudem Stefan Mächler: *Der Fall Wilkomirski. Über die Wahrheit einer Biographie*, Zürich 2000.

4 Rudolph Chimelli: *Was der Maulwurf flüstert. Es geht ihm Zolala: Roger Garaudy als Negationist verurteilt*, in: *Süddeutsche Zeitung*, 2. März 1998, S. 13.

5 Peter Schöttler: *Von der rheinische Landesgeschichte zur nazistischen Volksgeschichte oder Die „unhörbare Stimme des Blutes"*, in: Winfried Schulze/ Otto Gerhard Oexle (Hg.): *Deutsche Historiker im Nationalsozialismus*, Frankfurt/Main 1999, S. 89–113, hier S. 92 f.

6 Ian Kershaw: *Statt einer Einleitung*, in: Hans Mommsen: *Von Weimar nach Auschwitz. Zur Geschichte Deutschlands in der Weltkriegsepoche. Ausgewählte Aufsätze*. Stuttgart 1999, S. 1–20, hier S. 12.

Arnd Hoffmann

Klios „doppeltes Herz"
Zur Bedeutung von Lüge und Fälschung
in der Geschichtswissenschaft

1. Fragen an Fragwürdiges

Der Begriff 'Geschichtslüge' irritiert. Die ersten flüchtigen Eindrücke und Assoziationen suggerieren eine gewisse Klarheit im Umgang mit seiner Bedeutung: Geschichtslügen könnten demnach Täuschungen, Verlogenheiten und Manipulationen *in* der Vergangenheit sein, also Lügen, die in vergangenen Wirklichkeiten eine bedeutende Rolle spielten. Man denke dabei nur an die Auswirkungen der sogenannten „Kriegsschuldlüge" nach dem Ersten Weltkrieg oder die Affäre um die „Pentagon-Papiere" im Verlauf des Vietnamdebakels der USA. Geschichtslügen könnten aber auch Verfälschungen der oder Lügen *über* die vergangene Realität selber sein, und zwar auch im Sinn eines Anspruchs auf historische Wahrheit. Die sogenannte „Auschwitz-Lüge" ist dafür ein immer noch aktuelles Beispiel.[1] Aber schon an dieser Stelle beginnt die anfängliche Transparenz zu schwinden. Denn bei der „Auschwitz-Lüge" handelt es sich strenggenommen erst einmal um das Leugnen vergangener Faktizität. Inwieweit „Auschwitz" jedoch darüber hinaus zum umkämpften Symbol einer Lüge wird, hängt ab von den kommunikativen und moralischen Strategien der Lügner, die es besser wissen müssten, aber mit Absicht nicht besser wissen wollen, damit sie die Gegenwart um ihre Vergangenheit betrügen können. Dabei kann der Begriff der Lüge dermaßen hochgeschraubt werden, dass sich im Konflikt um die Tatsächlichkeit und Wahrheit dieses Symbols existentielle Dimensionen eröffnen, in denen „Auschwitz" emphatisch als Lebenslüge der Deutschen diskutiert wird.

Der Begriff der 'Geschichtslüge' entfaltet also bei genauerer Betrachtung verschiedene Bedeutungsfacetten, die sich nach dem jeweiligen

Kontext (Form und Funktion) richten, in dem sie stehen. In diesem Sinn ist er selber ein Ober- oder Ordnungsbegriff, der zwar auch in der Sprachpraxis verwendet wird, aber für die folgende Untersuchung einen pointiert künstlich-analytischen Charakter hat, weil er die Heterogenität der zu behandelnden Phänomene erfassen und ordnen soll. Es muss also erstens geklärt werden, was unter 'Lügen', und im besonderen auch unter 'Fälschungen' überhaupt verstanden werden soll, und zweitens, was eine Lüge zu einer 'Geschichtslüge' qualifiziert. Im Verlauf dieses Aufsatzes wird deshalb die Frage nach Funktion und Bedeutung von 'Geschichts-lügen' für die moderne Geschichtswissenschaft diskutiert und zugespitzt. Dabei soll sich zeigen, dass die an wissenschaftlichen Maßstäben orien-tierte Geschichtsschreibung seit ihrer Methodologisierung im 19. Jahr-hundert zwar versucht, den Lügenbegriff im Sinn der materiellen Fäl-schung zu disziplinieren und abzuwehren, dass sie jedoch mit Blick auf die außerwissenschaftlichen Diskurse in Politik und Gesellschaft sowie durch mögliche existentielle Verstrickungen ihrer eigenen Mitstreiter auf einen wie auch immer ausgelegten Begriff der historischen Lüge zurück-verwiesen bleibt.[2] Was verbirgt sich aber nun hinter dem Begriff der 'Geschichtslüge'? In welchen Zusammenhängen und Begrenzungen tritt er einem entgegen? Oder ist der Begriff vielmehr eine künstlich erzeugte Worthülse, die glänzt und schimmert, letztendlich aber eine Chimäre bleibt?

2. Der Begriff 'Geschichtslüge' – eine Internet-Recherche

'Geschichtslüge' – eine Chimäre? Dies war mein erster Eindruck, nach-dem ich mich im akademischen Rahmen über dessen mögliche Bedeu-tungen informieren wollte. Sowohl Lehrende als auch Studierende konn-ten mit dem Begriff oft nichts anfangen; dieser sei ihnen zu moralisch bzw. moralisierend, er sei für Historiker nicht operationalisierbar und führe letztlich in philosophische bzw. hermeneutische Sackgassen, die komplexen vergangenen Handlungsgemengelagen nicht gerecht würden.[3] Wissenschaft und Lüge – das schien den meisten doch eine fragwürdige Opposition, da der binäre Code wissenschaftlichen Forschens doch eher

der von 'wahr' und 'falsch' sei[4], also außermoralisch: 'Fragen Sie doch
mal einen Mathematiker oder Physiker, was der mit der Lüge anfangen
kann!' Einzig der Begriff der Fälschung schien die Historiker wirklich zu
interessieren, ja zu faszinieren, da natürlich die Quellen- und Echtheitskritik ihr eigentliches 'quasi-kriminalistisches' Metier darstellt. Auch in
der neueren geschichtswissenschaftlichen Literatur trat mir der Lügenbegriff nicht entgegen, wie intensiv auch immer über die wissenschafts-
theoretischen Probleme von Objektivität, Plausibilität und Wahrheit historischer Aussagen gestritten wurde. Der Lügenvorwurf gegenüber Kollegen sei eben einfach unwissenschaftlich und entspreche nicht dem
Ethos von Historikern.

Meine Recherche nach Geschichtslügen führte mich daraufhin an die
'Text-Ränder' der Geschichtswissenschaft. Im Internet gab ich das Wort
'Geschichtslüge(n)' in verschiedene Suchmaschinen ein und wurde wider
Erwarten fündig: Die Ergebnislisten präsentierten mir zwischen fünfzig
und hundert Adressen, die auf ihren Webseiten den Begriff der 'Geschichtslüge' verwendeten. Ich war überrascht und gespannt darauf zu
erfahren, wer dort wen als Lügner bezeichnete und was mit 'Geschichtslügen' angeprangert werden sollte.[5]

In seinem „Festvortrag für die Sudetendeutsche Landsmannschaft am
26. Februar 2000 im Kongresshaus in Wien" spricht Diözesanbischof Dr.
Kurt Krenn über die Wahrheit in ihrer religiösen, philosophischen aber
auch politisch-historischen Dimension.[6] Geschickt vermischt er die verschiedenen Wahrheitsdimensionen in seinem christlich-konservativen
Weltbild, das er entwirft und theologisch fundiert, um schließlich sehr
allgemein auf die Frage „von Wahrheit und Recht in unserer Gegenwart"
zu kommen und die Landsmannschaft in ihrer Hoffnung auf vermeintlich politische Gerechtigkeit für ihre Sache zu bestärken: „Auf der Wahrheit müssen auch die Gesetze des Staates, das Recht der Bürger und des
Volkes aufbauen; auf eine Unwahrheit lässt sich nichts aufbauen, was für
alle und zu allen Zeiten gelten soll. [...] Auch eine Geschichtslüge oder
eine politische Lüge kann ein Recht nicht begründen". Der Begriff
'Geschichtslüge' wird hier als Synonym für eine – in den Augen der
Betroffenen – politische Lüge der deutschen kollektiven Vergangenheit
benutzt: die Vertreibung der deutschen Bevölkerung aus dem Sudeten-
land seit dem Frühjahr 1945. Dabei wird der Sachverhalt der Lüge von

Kurt Krenn nicht weiter konkretisiert oder zur Disposition gestellt (auch die Lügner werden nicht benannt), sondern als feststehendes und bis zum heutigen Tag vertuschtes Unrecht und Verbrechen vorausgesetzt. Der Vorwurf der Geschichtslüge fungiert hier also als Kampfbegriff der Gegenwart für eine noch ausstehende, gerechtere Interpretation der Vergangenheit.

Die Web-Seite von Bischof Krenn kann in zwei Hinsichten als paradigmatisch für den Umgang mit 'Geschichtslügen' angesehen werden: Zum einen dient die Identifizierung eines Sachverhalts als Geschichtslüge dem Kampf um das Deutungsmonopol der Gegenwart; derjenige, der den Lügenvorwurf vorbringt, wehrt sich aus seiner interessengeleiteten Perspektive gegen andere, eben in seiner Sicht verlogene Interpretationen. Zum anderen fällt der Begriff im Internet vorrangig im Kontext der politischen Zeitgeschichte, d. h. mit Bezug auf die Jahre der nationalsozialistischen Gewaltherrschaft. Gerade für die historisch-politische Deutung dieses Zeitraumes scheint die Thematisierung vergangener Zusammenhänge als Lüge besonders brisant und emotional aufgeladen zu sein. Denn die Bezeichnung anderer Interpretationen als Geschichtslügen soll dabei die Mitstreiter mobilisieren und den politischen Gegner der eigenen Gegenwart denunzieren und disqualifizieren.

So kämpfen z. B. die Schweizer Bürger im Internet mit harten Bandagen um die angemessene Interpretation ihrer Geschichte zwischen 1933 und 1945: Gegen die „helvetische Lebenslüge", dass die „Entschlossenheit und Kampfstärke" der Schweizer Armee ihre Heimat während des Zweiten Weltkriegs „vor dem Nazi-Überfall gerettet" hätte, stellt sich auf der einen Seite die „Gruppe für eine Schweiz ohne Armee". „Diese Abschreckungstheorie" sei, so die Initiative, „eine lächerliche Geschichtslüge."[7] Die Gegenposition findet man dann unter der Leserbrief-Rubrik der Zeitung „Zeit-Fragen".[8] Dort heißt es: „Dass das kleine Volk der Eidgenossen Hitlers Übermacht widerstand, nachdem praktisch alle kapituliert hatten, war eine ungeheure Leistung. [...] Das Schweizer Volk als Ganzes hat dem braunen Terror widerstanden und ungeheure Opfer gebracht. Wer das Gegenteil behauptet, macht sich einer horrenden Geschichtslüge schuldig". Auch in diesem eidgenössischen Interpretationskonflikt soll mit dem Lügenbegriff dem Gegner der Kampf angesagt und dieser als Lügner entlarvt werden. Die sehr komplexen Sachverhalte der Vergangenheit („die Schweizer im Zweiten Weltkrieg") werden so unter das Schema 'historische Wahrheit – historische Lüge' subsummiert und entdifferenzieren damit sowohl die vergangene Realität als auch die möglichen Geschichten über sie.

Mit relativ konkreteren und nicht so komplexen (weil einfacher zu falsifizierenden) Geschichtslügen beschäftigen sich verschiedene Gruppen bzw. Autoren im thematischen Umfeld des „Dritten Reiches": Dabei geht es z. B. um die Geschichtslüge des „Bromberger Blutsonntags"[9] oder um die „Geschichtslüge vom einzigartigen Schicksal Dresdens".[10] Diese Fälle zielen auf die weitreichendere Zurückweisung revisionistischer Verzerrungen und Entstellungen der Vergangenheit zu propagandistischen Zwecken. Die konkrete Auseinandersetzung mit dem Lügenvorwurf bezieht sich jedoch erst einmal auf Zahlen und Faktenzusammenhänge. Der Begriff 'Geschichtslüge' wird in seinem emotionalen Kampfcharakter aufgeweicht und funktioniert eher als metaphorische 'Speerspitze' der nachfolgenden Analyse und Aufklärungsarbeit.

Komplexere gesellschaftliche oder politische Zusammenhänge als Geschichtslügen zu bezeichnen und so in ihrer Komplexität zu reduzieren, scheint aber die vorherrschende Tendenz im gegenwärtigen Sprachgebrauch zu sein. So behandelt Professor Klaus Hornung den Diktatfrieden von Versailles 1919, um die Bildungslücken der – seiner Meinung nach – historisch ungebildeten Zeitgenossen zu schließen.[11] Mit Rückgriff auf ein Zitat des Sozialdemokraten und preußischen Ministerpräsidenten (1921-32) Otto Braun nennt er die Alleinschuldthese „die größte Geschichtslüge, die verhängnisvollste, die jemals erfunden wurde", und versteigt sich zu der Spekulation, dass den Deutschen ohne die ungerechten Vertragsbedingungen von Versailles sogar Hitler erspart geblieben wäre. Seinem Kollegen Professor Wolfgang Frhr. v. Stetten graut aber nicht nur vor dem Verlust eines angemessenen Geschichtsbewusstseins der Deutschen; er will darüber hinaus Stellung beziehen, „dass nicht wieder Geschichtslügen das Klima vergiften" und befürchtet, „dass nach der Wehrmachtslüge der Pseudohistoriker Heer und Reemtsma" nun die „Wohlstandslüge" („NS-Sklaven trugen zum Wohlstand bei") die Deutschen über ihre Nachkriegsleistungen betrügt.[12]

'Auf's Ganze' geht schließlich Ernst Klee auf der Internetseite der „Behindertenintegration-Dokumentation-Volltextbibliothek" der Pädago-

gen von der Universität Innsbruck.[13] Dort behandelt er das Verhalten
von Medizinern und Pädagogen während des Nationalsozialismus, besonders im Kontext der damals vorherrschenden kriminellen Sterilisierungspraxis: „Die Nazi-Zeit wird in der historischen Aufarbeitung als
Zeit der Unterdrückung dargestellt, in der sich einige wenige miss-
brauchen ließen und die anderen der Gewalt beugen mussten. Dies ist,
sehen wir uns z.B. die Sterilisierungspraxis an, eine Geschichtslüge".[14] An
dieser Stelle wird es besonders schwierig, den Lügenbegriff als solchen zu
fassen, denn der Sachverhalt, auf den sich der Vorwurf bezieht, liegt
außerhalb einer eindeutigen individuellen Zurechnung von Opfer und
Täter; er betrifft vielmehr das couragierte Verhalten bzw. das feige Versagen von Menschen im allgemeinen. Da die Intention des Autors besonders darin liegt, über die personelle Kontinuität in den Bereichen Medi-
zin und Pädagogik nach 1945 aufzuklären, scheint der Begriff der
'Geschichtslüge' sowohl auf die ethisch-moralische Dimension (Verant-
wortungslosigkeit, Behindertenfeindlichkeit, Menschenverachtung) in der
NS-Vergangenheit als auch auf die unterlassene Aufarbeitung und Rechtsprechung der BRD-Gegenwart zu zielen. Insoweit Geschichtslügen also
an konkreten Konturen und Referenzen verlieren, scheint die emotionale
Dimension des Lügenvorwurfs zuzunehmen: Er wird emphatischer.

Es ließen sich weitere Texte aus dem Internet herausfiltern, in denen
mit 'Geschichtslügen' gehandelt wird. Nicht nur, aber vorrangig werden
diese Diskussionen im politisch-sozialen Themenspektrum geführt, besonders mit Blick auf die neuere deutsche Geschichte.[15] Besonders aber
der temporale Bezug der genannten Geschichtslügen scheint eine strukturelle Gemeinsamkeit auszumachen: Denn auf welchen, wie auch immer
komplexen Realitätsausschnitt in der Vergangenheit sich der Begriff beziehen lässt, erst der starke Gegenwartsbezug, oft verbunden mit der
Sorge um das richtige Geschichtsbild bzw. das angemessene Geschichtsbewusstsein, macht die Brisanz und Provokation der vermeintlichen Täuschung aus. 'Geschichtslüge' als Kampfbegriff einer Gegenwart um die
ihr angemessene Vergangenheit; 'Geschichtslüge' als ethisch-moralische
Disqualifizierung des politischen Gegners, aber auch: 'Geschichtslüge' als
falscher oder verzerrter Sachverhalt einer Vergangenheit, der wissenschaftlich korrigiert und aufgeklärt werden kann. Dabei wurde jedoch auf den
Web-Seiten immer schon vorausgesetzt, was eine Lüge im allgemeinen

und eine Geschichtslüge im besonderen überhaupt bedeuten soll. Die Geschichtswissenschaft hat dagegen größere Probleme, diesen stark normativen und besonders künstlich-metaphorischen Begriff in ihrer spezifisch historischen Arbeit zu verankern. Was sie unter 'Geschichtslüge' im Rahmen ihrer methodischen Vorgaben verstehen kann und warum der Begriff für sie so problematisch, aber auch anziehend ist, soll im folgenden unter Rückgriff auf die philosophische Problematik des Lügenbegriffs deutlich gemacht werden.

3. Täuschungsmanöver: Lügen und Fälschungen

In der Geschichte der Philosophie hat sich wegweisend Augustinus über die Definition, Kasuistik und sittliche Bewertung der Lüge Gedanken gemacht.[16] Er verortet sie als Zusammenspiel von Unwahrheit, Unwahrhaftigkeit und Täuschungsabsicht in kommunikativen und moralischen Zusammenhängen. Aber nicht die objektive Falschheit der Aussage macht für den antiken Philosophen das Kernstück der Lüge aus, sondern die konstitutive Unwahrhaftigkeit des Redners mit der Absicht zu täuschen: „Das eine liegt im Herzen verschlossen, das andere offen auf der Zunge; das macht das spezifisch Schlechte des Lügners aus."[17] Beim Lügen wird also einerseits etwas objektiv Falsches ausgesagt, andererseits und vorrangig muss sich der Lügner jedoch der Diskrepanz zwischen „Herz und Zunge" bewusst sein, um mit Absicht eine (negative) Wirkung beim Zuhörer bewirken zu können. Gerade die Täuschungs- und Schadensabsicht mache die Schuld des Lügners aus, nicht der intellektuelle Irrtum in bezug auf den Gegenstand, über den gesprochen wird.

Thomas von Aquin hat diesen Definitionsversuch aufgenommen und den Begriff anhand von drei Strukturmomenten genauer konturiert und charakterisiert.[18] Konstitutiv für Lügen sind demnach drei Dimensionen der Unwahrheit: deren materielle (referentielle), formelle und diskursive Dimension. Die materielle Unwahrheit bezieht sich dabei auf die objektiv falsche Aussage des Lügners über den Sachverhalt; die formelle Unwahrheit auf die bewusste Asymmetrie zwischen der Aussage und dem Gedanken im Sinn der Unaufrichtigkeit bzw. der Unwahrhaftigkeit des Lügners; die diskursive Unwahrheit beschreibt schließlich die Absicht, den Hörer zu täuschen und bei diesem eine falsche Vorstellung über die

Sache hervorzurufen. Dabei betont Thomas von Aquin, dass das Wesen der Lüge nicht in einer wie auch immer gelagerten Intention (Schaden, Nutzen, Belustigung) liege, sondern in der Absicht zur Unwahrhaftigkeit: Die Substanz der Lüge ist also ihr „doppeltes Herz" (Augustinus).[19]

Nun ist in der Philosophiegeschichte der Streit über die Lüge mit den hier skizzierten Positionen nicht zur Ruhe gekommen.[20] Vielmehr entstanden mit Anschluss an die beiden Philosophen neue Diskussionen über die moralische Qualität und den wesenhaften Kern der Lüge. Mit Beginn der Neuzeit und der Ausbildung eines vorstaatlichen Natur- bzw. Kriegs- und Völkerrechts wurde die Pflicht zur Wahrheit in den praktischen und politischen Diskursen relativiert.[21] Besonders die Intention zu lügen wurde jetzt bis zu Kants berühmten Aufsatz „Über ein vermeintliches Recht aus Menschenliebe zu lügen"[22] in den Blick genommen und theoretisch stark gemacht. Nicht so sehr die moralisch-theologische Dimension des Lügenphänomens wurde dabei in den Mittelpunkt der philosophischen Debatten gestellt, sondern deren pragmatischer Charakter. Die sogenannte 'Nutzlüge' im allgemeinen und die 'Notlüge' im besonderen galten nun nicht mehr per se als schlecht und verwerflich. Vielmehr sollten sich der kluge Mann und der Politiker immer gut überlegen, wem sie die Wahrheit sagten, und was diese Wahrheit koste. Im Rahmen rechtlicher bzw. staatlicher Verstrickungen konnte es demnach klug (im Sinn der Notwehr) und praktisch geboten (im Sinn der Staatsraison) sein, den rechtlichen oder politischen Gegner zu täuschen, denn: „Die Wahrheit zu sagen, ist eine Pflicht, aber nur gegen denjenigen, welcher ein Recht auf die Wahrheit hat".[23] Genau gegen diesen ethischen Relativismus der politischen 'Cleverness' zog Kant mit seiner rigorosen Pflichtphilosophie zu Felde, konnte jedoch seinen uneingeschränkten Wahrheitsbegriff gegen das existentielle Schutzbedürfnis der Notlüge nicht mehr durchsetzen – was dann angesichts der Erfahrung mit den menschenverachtenden totalitären Systemen des 20. Jahrhunderts auch immer evidenter wurde.[24]

Die neueren Arbeiten zum Lügenbegriff beschäftigten sich deshalb auch weniger mit der moralphilosophischen Zurückweisung der Lüge als vielmehr mit den linguistischen, analytischen oder evolutionären Aspekten des Täuschungsphänomens[25]. Verwiesen sei für die hier behandelte Frage vor allem auf einen Text von W. G. Becker aus dem Jahr 1948[26], der aus zwei Gründen erwähnt werden soll. Zum einen entfaltet Becker einen analytischen Begriff der Lüge, indem er diesen in vier verschiedene, graduell abgestufte Lügentypen aufteilt; zum anderen diskutiert er die Lüge im Kontext der Rechtssprechung über die nationalsozialistische Propaganda, um diese Lügentypologie exemplifizieren zu können. Formell kommt er zu den folgenden, für das analytische Verständnis von Lügen wesentlichen Einsichten:

1. Sowohl 'Lügen' als auch 'Fälschungen' muss man als Phänomene der 'Täuschung' verstehen. Der Oberbegriff 'Täuschung' bezeichnet für Becker die Erzeugung „des Fürwahrnehmens eines bloßen Scheins". In dieser Perspektive ist dann die Lüge eine „publikative (orale, litterale oder signifikatorische)", also im weitesten Sinn kommunikative Handlung, wogegen die Fälschung sich auf „exekutive Taten" bezieht. Lügen sind also kommunikative oder verbale Täuschungsmanöver in Diskursen, Fälschungen dagegen materielle Manipulationen an realen Gegenständen.[27]

2. Wie seine philosophischen Vorredner Augustinus und Thomas von Aquin charakterisiert Becker die Lüge unter Rückgriff auf ihre Strukturelemente: Unwahrheit, Unwahrhaftigkeit und Absicht bzw. Schuldfähigkeit. Die Unwahrheit besteht in der Inkongruenz zwischen Aussage und Wirklichkeit; die Unwahrhaftigkeit in der Inkongruenz zwischen Aussage und Gedanken, und schließlich das Moment der Schuld in dem Nachweis der bewussten Täuschungsabsicht (als Bedingung von Schuld überhaupt). Erst das Zusammenspiel dieser drei Merkmale macht die Lüge als Tatbestand und Sprachhandlung aus.[28]

3. Auf einer Abstufungsskala, die von der Dominanz der objektiven Lügenmomente (Feststellungs- oder Tatsachenlügen) hin zu derjenigen der subjektiven Lügenmomente (Wertungslügen) führt, positioniert Becker ein vierfaches Gliederungsschema der Lüge, das zum grundsätzlichen Verständnis des Phänomens angemessen erscheint:[29] Er differenziert zwischen der „patenten Feststellungslüge", der „latenten Feststellungslüge", der „patenten Wertungslüge" und der „latenten Wertungslüge". Die „patente Feststellungslüge"[30] rangiert dabei auf dem obersten, 'objektiven' Rang der Abstufungsskala, da die Lüge hier vorrangig auf der Entstellung der objektiven Kongruenz von Aussage und Wirklichkeit besteht. Sie ist eine „offene(n) lügenhafte(n) Fehldarstellung durch unwahre und unwahrhaftige Aussagen"[31], also eine „Entstellungslüge", die

auf dem Weg einer objektiven Falsifizierung entlarvt werden kann. Die „latente Feststellungslüge"[32] tendiert dagegen eher in den subjektiven Bereich der Unwahrhaftigkeit: Sie ist eine „Verschweigungslüge"[33], insofern der Lügner objektiv den Sachverhalt oder Aspekte dessen verschweigt und gleichzeitig subjektiv durch dieses Verschweigen die Überprüfung des Sachverhalts erschwert. Somit wird Unwahrhaftigkeit immer stärker zum bestimmenden Moment des Lügenvorwurfs. Bei der „patenten Wertungslüge"[34] spielen die subjektiven Momente der Lüge dann eine noch determinierendere Rolle. Nicht mehr die Darstellungen, tatsächliche Behauptungen oder Feststellungen stehen im Zentrum der Lüge, sondern die Meinungen und Bewertungen zu Sachverhalten. Die „patente Wertungslüge" ist insoweit eine „Verzerrungslüge", oder phänomenal zugespitzt: die „Propagandalüge".[35]

Becker fächert diesen Lügentyp in verschiedene Strategien der Verzerrung auf und zeigt an Beispielen aus der NS-Propaganda, inwieweit „kollektive und typologische Wertungen [...] 'monokausale(n)' Verzerrungen, undeutliche(r) Abstraktionen, Generalisationen, Metaphern oder [...] aktidealistisches Denken" sich unter diesen Lügenbegriff subsumieren lassen.[36] Den abschließenden vierten Lügentyp stellt die „latente Wertungslüge"[37] dar. In diesem Fall geht es überhaupt nicht mehr um die objektive Unwahrheit des bezeichneten Sachverhalts, und auch die subjektive Inkongruenz von Aussage und Gedanke umfasst nicht deren spezifische Qualität. Vielmehr radikalisiert sich in der „latenten Wertungslüge" das subjektive Moment zur Inkongruenz von Gedanken und Erlebnis: Der Begriff der „Lebenslüge" steht paradigmatisch für diesen Lügentyp im Zentrum der Auseinandersetzung. Sie ist am äußersten Rand der Subjektivität die „qualitative Unwahrhaftigkeit".[38]

Im Verlauf der folgenden Diskussion über Funktion und Bedeutung des Lügenbegriffs in der Geschichtswissenschaft wird es sich als sinnvoll erweisen, auf das hier skizzierte Schema zurückzugreifen. Denn die von Becker (wenn auch im juristischen Kontext) vorgenommenen Differenzierungen des Begriffs bieten für die semantische Mehrdeutigkeit und phänomenale Vielfalt von 'Geschichtslügen' ein theoretisch wertvolles Interpretationsangebot.

Neben dem Begriff der Lüge als kommunikative Täuschung wurde unter Rückgriff auf Beckers Terminologie auch die Fälschung als materielle Täuschung bezeichnet. Dazu noch einige abschließende Bemerkungen, die zu der ersten Facette des Begriffs 'Geschichtslüge' überleiten sollen, nämlich zur 'Fälschung' in der Geschichtswissenschaft.

Fälschungen spielen in verschiedenen Lebenswelten und Wissenschaften eine zumeist umstrittene Rolle. Ganz allgemein sind sie manipulative bzw. exekutive Verfälschungen, Veränderungen, Erfindungen oder Nachbildungen eines materiellen Gegenstandes (eines wie auch immer bestimmten Originals), seien es nun Urkunden, Verträge oder Protokolle wie in der Rechtsprechung bzw. in den Rechtswissenschaften, gefälschte Quellen aller Art wie in der Geschichtswissenschaft oder gefälschte Werke wie in Literatur und Kunst.[39] Fälschungen sind aber erst dann als solche zu bezeichnen, wenn hinter der materiellen Veränderung des Gegenstandes auch eine betrügerische Absicht steht. Um eine Fälschung als Fälschung zu erkennen, muss man also die subjektive Seite des Täuschungsvorgangs kennen, da ansonsten die Veränderung des Gegenstandes 'zwecklos' wäre und nicht interessengeleitet. Im Verhältnis zur Lüge muss dabei festgehalten werden, „dass jeder Fälschung [...] eine Lüge zugrunde liegt, dass das Spezifische der Fälschung aber eine qualifizierte Verlogenheit darstellt, indem zur Täuschung durch (publikative) Lüge die Täuschung durch exekutive Verfälschung eines Gegenstandes tritt, an welch letzterer allein [...] sich der Begriff der Fälschung orientiert".[40]

Mit der Bedrohung durch Fälschungen, Erfindungen und Manipulationen am Quellenmaterial ist die Geschichtswissenschaft seit ihrer Methodologisierung und Verwissenschaftlichung im 19. Jahrhundert im Innersten verbunden. Die Ausbildung der Quellenkritik reagiert seitdem auf die potentielle Gefahr gefälschter Quellen mit einer 'Kritik der Echtheit' und versucht dem in historischen Zusammenhängen durchgehend präsenten Problem von Fälschungen durch immer spezialisiertere Techniken dieser Kritik Herr zu werden.[41] Genannt seien an dieser Stelle nur einige berühmt gewordene Fälschungen aus der Vergangenheit: die „Konstantinische Schenkung", die „Protokolle der Weisen von Zion" oder „Hitlers Tagebücher". Zwar lassen sich die Intentionen der Fälscher zu einem großen Teil auf die Durchsetzung juristischer, politischer oder auch persönlicher (Gelehrtenehrgeiz) Ziele zurückführen, trotzdem scheint gerade die Frage nach der Intentionalität von Fälschungen die

Geschichtswissenschaft auf ein anderes Problem zu lenken, nämlich auf die Historizität der Täuschungsmanöver selber. Müssen Fälschungen also historisch kontextualisiert werden, um sie besser verstehen zu können?

4. 'Geschichtslügen' I: Fälschungen in der Geschichtswissenschaft

In der aktuellen Diskussion über den literarischen Charakter und die Fiktionalität der Geschichtsschreibung spielt der Begriff der Fälschung keine bedeutende Rolle.[42] Insoweit die historische Erzählung in ihrer allgemeinen Struktur und in ihrem Geltungsanspruch der literarischen Erzählung angeglichen wird, scheint sich das Problem von Täuschung und Fälschung zu verflüchtigen. Die gute historische Erzählung ist die schöne, die den vergangenen Schein authentisch wirken lässt, nicht die wahre, die ihre Geltung an der Authentizität ihrer Quellen bemisst. Kann die Geschichtsschreibung nämlich ihr genuines, d. h. durch die Quellenkritik bestimmtes Verhältnis zur vergangenen Wirklichkeit nicht mehr als gültig ausweisen und stabilisieren, dann werden ihre Texte rein fiktiv und die Frage nach der Echtheit der Quellen eine ästhetisierende Spielerei.[43] Gegen solche reduktionistischen Auffassungen von Geschichte und Geschichtswissenschaft hat z. B. Roger Chartier Stellung bezogen. Er schreibt: „Der Historiker hat die Aufgabe, eine angemessene und kontrollierte Erkenntnis über diese 'Population von Toten' - Personen, Mentalitäten, usw. -, die sein Gegenstand ist, herzustellen. Diesen vielleicht übertriebenen, aber entscheidenden Anspruch preiszugeben wäre gleichbedeutend damit, das Feld nur noch den Fälschungen und den Fälschern zu überlassen".[44] 'Das Feld den Fälschungen und den Fälschern zu überlassen', das hieße eben, dass die Kritik und die Kritiker der Quellen und des historischen Materials sich nicht mehr an ihrem Gegenstand abarbeiten könnten, ja der Gegenstand selber besäße überhaupt keine reale, aber auch keine theoretische Priorität und Qualität mehr. Die produktive, weil Geschichtswissenschaft konstituierende Spannung zwischen den Quellen einer Vergangenheit und dem theoretischen Zugriff der Gegenwart käme zum Stillstand: unzweifelhaft eine Kapitulation des kritischen Erkenntnisvermögens vor der Realität. Eine Kritik der historischen Fälschung kann diesen „entscheidenden Anspruch" der den Quellen „angemessenen Erkenntnis" nicht fallen lassen.

Aber noch eine andere produktive Spannung der Geschichtswissenschaft würde sich auflösen – die zwischen Fälschern und Kritikern selber. Über dieses Verhältnis von Fälschungen einerseits und Quellen- bzw. Echtheitskritik andererseits hat Anthony Grafton eine sehr interessante Geschichte geschrieben[45], bei der es sich lohnt einen Moment zu verweilen. Denn Grafton leitet bei dieser Untersuchung nicht nur sein historisches Interesse an Fälschern und Fälschungen aus der Vergangenheit, sondern darüber hinaus die sich gegenseitig in ihrem Erkenntnisfortschritt bedingende Beziehung von Fälschern und Kritikern seit der Antike. Insofern ist Graftons 'kleine Erzählung des Betrugs' ein Stück Wissenschaftsgeschichte. Schon der Originaltitel „Forgers and Critics: Creativity and duplicity in western scholarship" betont viel schärfer, worauf es Grafton letztendlich ankommt: auf die ungemein produktive und kreative Kraft, die die Relation 'Fälscher – Kritiker' für die Wissenschaftsentwicklung bis heute hatte und hat.

Im folgenden soll aber nun weniger die historisch wechsel- und vielseitige Beziehung von Fälschern und Kritikern nachgezeichnet werden, die Grafton reichhaltig an empirischem Material exemplifiziert und belegt. Vielmehr interessiert hier im heuristischen Rahmen des Begriffs der 'Geschichtslüge', warum und wie in den verschiedenen Epochen gefälscht wurde. Dabei betrifft die Frage nach dem 'Warum' die Motive und Intentionen der Fälscher, die nach dem 'Wie' die Techniken, Tricks und Strategien von Fälschungen. Es wird bei der Beantwortung beider Fragen darum gehen, ob die Fälscher als handelnde Subjekte des Betrugs und die Fälschungen als materielle Täuschungen sozusagen 'zeitlose' Phänomene sind, die sich generalisieren lassen, oder ob beide historisiert werden müssen, um sie in ihrer am vergangenen Kontext orientierten Besonderheit verstehen zu können.

In einem ersten Überblick präsentiert Grafton europäische Fälscher und Fälschungen aus verschiedenen Epochen seit dem vierten vorchristlichen Jahrhundert bis zum ausgehenden 19. Jahrhundert: „Fälschungen sind so alt wie Schriften, die Autorität für sich beanspruchen".[46] Besonders in der Antike ging es um den Nachweis der eigenen Herkunft, also um Legitimations- und Identifikationsprobleme von religiösen oder politisch-sozialen Gruppen, die mit Hilfe einer in der Vergangenheit verorteten Autorität und ihrer Texte gelöst werden sollten. In dieser Zeit konkurrierten Weltbilder und Traditionen um die Führungsposition im Deutungskampf der antiken Gegenwart. Gerade im Zuge der Hellenisierung der ägyptischen, persischen und südeuropäischen Lebenswelten wehrten sich sowohl Epikureer, Phythagoreer und andere philosophisch-religiöse Sekten als auch jüdische, ägyptische oder babylonische Priester gegen den Niedergang ihrer Kultur, ihrer Sprache und ihres Glaubens unter Rückgriff auf literarische Fälschungen. Die brisanten Diskussionen um die Echtheit bzw. Authentizität von kanonischen Schriften forderte die Gelehrten dazu auf, sich mit den vielfältigen Täuschungsmanövern ihrer Zeit zu beschäftigen, sie zu demaskieren oder gar selber zu inszenieren.[47]

Mit Beginn des Mittelalters entwickelte sich ein neues Objekt der 'täuschenden Begierde': das juristische Dokument bzw. die Urkunde. Auch in dieser Zeit machten sich Gelehrte, meist Kleriker und Anwälte, daran, Privilegien, Herkünfte und Identitäten zu sichern, indem sie juristische Quellen erfanden oder manipulierten.[48] In der Renaissance schließlich traten die literarischen Fälschungen in den Vordergrund. Das wiederentdeckte philosophisch-literarische Erbe der Antike trat in den Mittelpunkt des gelehrten Interesses und warf das Problem der Authentizität von Texten auf, das nicht nur die Fälscher mit ihren Techniken auf den Plan rief, sondern auch die Kritiker mit ihrer Skepsis gegenüber der vermeintlichen Echtheit der Schriften.[49] In allen Epochen war das Phänomen der Fälschung also bekannt und begehrt, wobei sich die Vielfalt ihrer Erscheinungsformen und Techniken sicherlich am historischen Kontext orientieren musste. Einfluss und Schaden durch Fälschungen waren insoweit also vielfältig und komplex. Wissenschaftliche Generalisierungen über die Differenzen zwischen den Motiven der Fälscher, aber auch zwischen den zeitbedingten Bedeutungen der Fälschungen verlieren nach Grafton deshalb oft ihren Gegenstand aus den Augen und simplifizieren durch Verallgemeinerungen: Sie sind in diesem Sinn nicht gegenstandsadäquat.[50]

Die Motive und Ambitionen der Fälscher waren dementsprechend unterschiedlich, lassen sich aber tendenziell typologisieren. So spielten immer materielle Überlegungen eine entscheidende Rolle: Geld, sozialer Aufstieg, berufliche Ambitionen oder 'Karriere-Neurosen' weckten die betrügerischen Energien und die Lust zu fälschen. Aber auch emotionale Verstrickungen und Phantasien motivierten die Fälscher, waren es nun einfach die Neigung zum intellektuellen betrügerischen Spiel mit dem literarischen Gegner bzw. dem akademischen Umfeld oder tieferliegende Ambitionen wie Liebe und Hass.[51] In solchen oft disparaten Gefühlen gingen die heterogenen Motivationslagen der Fälscher jedoch nicht auf. Nicht nur der Angriff auf die Redlichkeit des ungeliebten Konkurrenten oder die übertriebene Liebe zu einer historischen Persönlichkeit formten die Leitperspektiven der Gelehrten, sondern auch die theoretische Stützung von Meinungen und Weltbildern. Die „kraftlos gewordene(n) Stimme des Opfers"[52] z. B. wurde durch Fälschungen wiederbelebt, damit diese sich auch in der jeweiligen Gegenwart Gehör und Gerechtigkeit verschaffen konnte. Schließlich waren Fälscher oft einfach skrupellose Betrüger oder Scharlatane, die der Sache und den davon betroffenen Menschen gegenüber verantwortungslos waren. Hinter ihren Fälschungen stand kein wie auch immer zu bewertender Ethos, sondern nur der Abgrund ihrer individuellen Geschichte.[53] Undurchsichtiger wurde die Motivlage in den Fällen, in denen die wahrhaftigsten und ehrlichsten Kritiker selber zu Fälschern wurden, so selbst Erasmus von Rotterdam im 16. Jahrhundert.[54] Scheinbar machte die kompromisslose Kritik an Schriften und Quellen der Tradition auch die Kritiker auf dem Auge blind, das eigentlich die eigenen Neigungen und Vorlieben begutachten sollte. Erasmus ließ sich auf jeden Fall von solch einer Neigung zum Betrug verführen: „*De duplici martyrio* ist nicht Erasmus' Entdeckung, es ist seine Schöpfung; es bezeichnet den Versuch, in der frühen Kirche seine Theologie bestätigt zu finden, und zwar um den Preis – von dem er anderenorts sagte, er sei grundsätzlich zu hoch –, die Zeugnisse dieser Kirche zu fälschen. Der bedeutendste patristische Gelehrte des sechzehnten Jahrhunderts fälschte ein wichtiges patristisches Werk".[55] Die Übergänge von der Aufrichtigkeit zur Manipulation sowie die Mischungsverhältnisse von Fälschern und Kritikern in einem Gelehrten konnten sich also sehr unterschiedlich gestalten, so dass man mit zu hohen Kohärenzforderungen an das historische Phänomen des Fälschers oder mit allgemeinen Thesen „diesem Gestrüpp komplizierter Einzelfälle nicht gerecht" wird.[56]

Im Gegensatz zu den Motiven bzw. Zielen der Fälscher lassen sich mit Rückgriff auf Graftons Untersuchung die Techniken und Mittel zur

Fälschung jedoch strukturell verallgemeinern. Grafton spricht in diesem Zusammenhang selber von einer Kontinuität der Fälschungstechniken sowie von der „longue durée des literarischen Betrugs".[57] Gerade die Mittel der Täuschung führten die Fälscher und Kritiker prozessual so eng zusammen, dass der Wissens- und Methodenfortschritt überhaupt erst durch das Spiel von 'Verdecken – Entdecken', 'Verzerren – Entzerren' und 'Verbergen – Entbergen' auf den Weg kam. Welche Techniken und strategischen Kniffe muss man aber nun bei dem Herstellen von Fälschungen beherrschen, um die Täuschung hervorzurufen? Welches Wissen muss der Fälscher von der Vergangenheit, aber auch von seiner Gegenwart haben? Die Fälscher aller Epochen sahen und sehen sich grundsätzlich vor das Problem gestellt, Zeit zu simulieren, oder metaphorischer ausgedrückt: Zeitensprünge zu machen.[58] Der Fälscher muss sich dabei vorstellen können, wie der zu fälschende oder erfundene Text (Sprachphänomen und Trägermaterial) als authentisches Objekt einer spezifischen Vergangenheit wirken kann, welches gleichzeitig die Spuren eines authentischen Alters bzw. Alterungsprozesses in der spezifischen Gegenwart des Fälschers aufweist: Dieser „muss einen Text produzieren, der entfernt scheint vom heutigen Tag, und einen Gegenstand, der entfernt scheint von seiner angeblichen Entstehungszeit".[59] Sowohl der Text als auch das Objekt, das ihn trägt, müssen also ihre Vergangenheit und Gegenwart perfekt simulieren, um täuschen zu können. Deshalb stellen die verräterischen Anachronismen, die eben nicht entdeckt werden dürfen, eines der größten Probleme bei der Bearbeitung von Fälschungen dar – denn andersherum: Die Kritiker 'jagen' diese Anachronismen. Grafton spitzt diesen temporalen Fälschungsaspekt folgendermaßen zu: „Wenn es überhaupt ein Gesetz gibt, das für alle Fälschungen gilt, dann ist es das, dass jeder Fälscher, wie geschickt auch immer, der Vergangenheit, die er real und lebendig zu machen hofft, die Struktur und Textur des Lebens seiner eigenen Epoche, deren Denkweise und deren Sprache aufprägt".[60]

Neben dieser den Fälschungen immanenten Zeitproblematik spielt auch das Vorspielen ihrer vermeintlichen Örtlichkeit bzw. Herkunft für die Täuschung eine wichtige Rolle: Fälschungen stammen dann aus kaum erreichbaren Gegenden oder sind in außergewöhnlichen und seltenen Sprachen formuliert. Oft sind die begehrten Texte oder Objekte an entlegenen Orten gefunden und kopiert worden, wobei das Original dann wieder verloren gegangen ist.[61] Solche Topoi ziehen sich durch die Geschichte der Fälschungen. Aufschlussreicher ist aber demgegenüber noch ein anderer Aspekt, den ich abschließend skizzieren möchte. Dabei handelt es sich um die „strukturellen Strategien"[62] der Fälscher bei der Positionierung ihrer Fälschung im historischen Kontext, mit denen sie die Authentizität des Textes erzeugen wollen.

Die Überzeugungskraft der Fälschung liegt in dem Gefühl von Authentizität, das sie dem Leser vermitteln will. Die Phantasie, die ihr zugrunde liegt, zielt damit auf das Vertrauen des Rezipienten. Sie muss dessen Vertrauen gewinnen und bestätigen. Der Fälscher „muss die Welt ablenken oder davon abhalten, die durchgescheuerten Stellen und Mängel zu bemerken, die Unruhe und Verdacht wecken könnten".[63] Dazu benötigt er bestimmte Überzeugungs- und Bedeutungsstrategien, die insofern strukturell zu nennen sind, als sie sich auf vorstrukturierende Bedingungen des wissenschaftlichen Kontextes beziehen, in denen der Text positioniert werden soll und auf die er sich auch in seiner inneren, also textimmanenten Konzipierung einlassen muss. Der gefälschte Text darf nicht aus dem Rahmen der Wissenschaft und der anerkannten 'echten' Quellen fallen. Er muss sowohl mit den Forschungsergebnissen als auch mit der „Hierarchie anderer Quellen"[64] vereinbar sein. Wie bei einem Schachspiel - so Graftons Metapher - kann der Fälscher dabei versuchen, die anderen Figuren (Texte, Quellen) zu schlagen, oder aber die Spielsituation durch geschickte Züge - wie bei der Rochade - zu verkomplizieren, „indem er echte Figuren zwischen seine wackeligen Imitationen und deren Entlarvung" schiebt.[65] Der Schutz vor der 'Ent-Täuschung' führt die Strategien 'anschlussfähig' durch die Hierarchie der Quellen: Einmal verbrüdert sich der Fälscher mit anderen Quellen, ein anderes Mal diffamiert er diese seinerseits als unecht bzw. falsch oder er spielt die mögliche Unstimmigkeit zwischen verschiedenen Quellen bzw. Quellentypen zu seinem Vorteil aus. Sein Verhältnis zur Authentizität bleibt dabei rein taktisch - oder anders formuliert: Die Taktik als Telos ist die Authentizität des Fälschens.

Solchen Schein von 'Echtheit' erzeugt der Text des weiteren, indem ihm die Autorität des Archivs beigestellt wird. Seine Archivgeschichte soll als Erzählung über den Ursprung Akzeptanz erzeugen, ohne dabei

als Entdeckung wirklich falsifizierbar zu sein. Vielmehr soll die Echtheit
dadurch garantiert werden, dass der 'Überraschungsfund' aus irgend-
welchen versteckten bzw. lange nicht beachteten Archiven den Leser
beeindruckt und in seinem Vertrauen bestärkt.[66] Aber auch textimmanent
muss der Fälscher auf sein taktisches Vorgehen achten, um authentisch
zu wirken. So versucht er z. B. durch die Vorspiegelung reicher Detail-
kenntnisse Intimität, Einfühlungsvermögen und Nähe zur vergangenen
Gegenwart zu evozieren.[67] Der 'Zeitgeist', den eine Fälschung mit-
repräsentieren muss, wird durch die Details bebildert und bestätigt somit
vermittelt die Sachkenntnis. Darüber hinaus konstruiert der Fälscher
analog zur Autorität der Archivgeschichte eine textimmanente Autorität
der Person, er bemüht sich um „die textimmanente [...] Garantie von
Autorität".[68] Autorisiert die Herkunftsgeschichte die Authentizität des
Textes nämlich archivalisch und von außen, so bezeugt die Autorität des
Autors die Echtheit von innen heraus und namentlich. Bei dieser Methode müssen dann die Lebensumstände des Autors realistisch dargestellt
werden und glaubhaft wirken, oder der Verfasser selber verweist im Text
wiederum auf andere Autoritäten und Quellen, die die Wahrheit bzw.
Echtheit bezeugen sollen. So können im gefälschten oder erfundenen
Text Verweisungsverhältnisse oder Netzwerke entstehen, die Beglaubi-
gungsfunktionen haben und die Autorität des Verfassers dadurch bestätigen, dass sie diese beständig verschieben.

Sind mit 'Geschichtslügen' also Fälschungen gemeint, so lässt sich für
diese Facette des Begriffs folgendes resümierend festhalten: Fälschungen
sind insoweit zu historisieren, als deren Entstehungs- und Motivations-
kontexte, aber sicherlich auch die Entwicklung der jeweiligen Techniken,
die Bedeutung und Funktion von Fälschungen bedingen. Gerade in der
Person des Fälschers zeigt sich die spezifisch historische Dimension des
Fälschungsbegriffs. Demgegenüber gibt es im Bereich der Mittel bzw.
Fälschungstechniken eine gewisse Kontinuität, Metamorphosen und
Verwandlungsprozesse. Fälscher und Kritiker haben sich in dieser, nicht
immer geradlinigen, aber durch die Problematik konstanten Entwicklung
gegenseitig professionalisiert. Es ging immer auch darum, einen Schritt
weiter zu sein als der andere. Der willkommene Effekt dieser fast 'krimi-
nalistischen' Beziehung liegt bis heute in einer Akkumulation von Wissen, die Wissenschaft selber zwar nicht begründen kann, aber die relative

Plausibilität ihrer Ergebnisse und Erzählungen steigert: Wissenschaft wird kritikfähiger.

5. 'Geschichtslügen' II: Lügen, Zeitgeschichte und Aufklärung

Mit Anthony Grafton könnte man noch einen fast alltäglich anmuten-den Grund für Fälschungen, Täuschungen und Betrug benennen: 'Gele-genheiten machen Fälscher' – das deutet noch einmal darauf hin, dass Fälschungen immer auch einen spezifischen Ort und eine geeignete Zeit für die diskursive Entfaltung ihrer täuschenden Wirkung brauchen.[69] Es muss sich also eine Gelegenheit auftun, um eine Fälschung in der Wis-senschaft, Politik oder Gesellschaft zu plazieren. Lügen müssen signifi-kant sein, um weh zu tun. Mit einem spektakulären 'Fälschungs-Fall' aus der jüngsten Vergangenheit möchte ich nun zu der Problematik 'Geschichtslügen, Zeitgeschichte und Aufklärung' überleiten, und zwar mit einigen skizzenhaften Bemerkungen zum 'Fall Wilkomirski'.[70]

Binjamin Wilkomirski alias Bruno Dössekker war im Jahr 1995 mit der Veröffentlichung seiner Kindheitserinnerungen als Zeuge bzw. Überle-bender von Auschwitz aufgetreten und wurde mit seinem Buch unmittel-bar zum Shootingstar der Erinnerungskultur. Seine Autobiographie ver-legten renommierte Verlage, der Autor selber tourte mit seinen Erinne-rungen durch die USA und Europa und wurde mehrfach für sein Werk prämiert und ausgezeichnet. Die Geschichte des kleinen Binjamin, der als Kind die Unmenschlichkeit und Grausamkeit der Vernichtungslager überlebte und nach Kriegsende schließlich in die Schweiz kam und dort adoptiert wurde, war anfänglich über jeden Zweifel an der Authentizität von Erzähler und Erzählung erhaben. Erschüttert von den grausamen Erlebnissen, die der Autor als Kind und Opfer erleiden musste, kamen Vorbehalte des Publikums gegenüber der Integrität seiner Geschichte gar nicht auf.

Erst als der Schweizer Journalist und Schriftsteller Daniel Ganzfried 1998 in mehreren Artikeln die Echtheit der Geschichte und die Authen-zität der Person Wilkomirskis anzweifelte, drängten biographische Unge-reimtheiten, stilistische Fragwürdigkeiten sowie historische Unmöglich-

keiten ans Licht der Öffentlichkeit.[71] Stefan Mächler hat in einem umfas-
senden Bericht sowohl die Biographie Wilkomirkis und die Entstehungsgeschichte seiner 'Bruchstücke' als auch das Drama der Entlarvung nachgezeichnet und analysiert. Danach kommen nun keine Zweifel mehr auf,
dass Wilkomirski seine Autobiographie erfand und das Publikum über
die Faktizität seiner Erlebnisse als Kind belog.[72] Ohne auf diese
Fälschungsgeschichte jetzt im näheren einzugehen, lassen sich hier einige
Befunde für den Zusammenhang von Zeitgeschichte und Fälschungen
festhalten.

Das betrifft zunächst die Strukturelemente von Fälschungen im allgemeinen, die oben mit Blick auf Antony Graftons Studien schon referiert
worden sind: Ein wie auch immer bedingender kultureller oder sozialer
Kontext muss bereits vorhanden sein, um eine Fälschung positionieren
zu können; Wilkomirski plazierte seine Geschichte geschickt im aktuellen Rahmen von Erinnerungskultur, Holocaust-Forschung und Betrof-
fenheitsdebatten. Im medialen Rummel um die Bedeutung von Shoa
und Vernichtung tat sich für den Autor der entscheidende 'Kairos' auf,
um seine vermeintliche Autobiographie in den Kontext von Zeitgeschichte und Erinnerungskultur einzuschmuggeln. Der Rezeptionsrahmen
war dementsprechend günstig, d. h. affirmativ eingestellt: Falsche Pietät,
Kritiklosigkeit und Betroffenheit charakterisierten die entsprechende
Haltung eines Lesepublikums, das dazu bereit war, Wilkomirskis Geschichte aufzunehmen und entsprechend zu honorieren, ohne sich dem
kleinsten Anflug von Skepsis auszusetzen. Der „moralische Pakt"[73], der
zwischen dem Text/Autor und dem Publikum entstand, betonierte den
Normenzusammenhang kritiklos. Gerade die Empathie mit dem kindli-
chen Protagonisten erhöhte dabei gleichzeitig den Schein von Authentizität und die affirmative Haltung zu dieser 'Echtheit'. Denn nicht der
literarische Charakter der Geschichte förderte die kritiklose Rezeption
der Leser, sondern der Vertrauensvorschuss, der durch die Identität von
Autor und Opfer hervorgerufen wurde. Negativität im Sinne der Skepsis
stand in diesem Kontext direkt unter einem moralischen Verdikt.

Wilkomirskis Geschichte konnte sich aber des weiteren nur deshalb so
reibungslos in den zeitgeschichtlichen Erinnerungskontext einreihen, weil
der Autor die strukturellen Merkmale von Fälschungen, wie sie in Abschnitt 4 beschrieben worden sind, in die Spezifizität seines Textes

verwebte. Signifikant sind dafür drei Strukturelemente oder Textstrategien: die Autorität des Autors (Opfer), das Netzwerk anderer Autoritäten (Opfer und Zeugen), schließlich der Detailreichtum des Textes selber. Die Autorität des Autors spielte für die Fälschung eine entscheidende Rolle, da Wilkomirski sowohl Opfer als auch Zeuge unvorstellbarer Verbrechen gewesen sein wollte. Das Pathos des Überlebenden, der den Schrecken bezeugt, ließ dessen Autorität als unantastbar erscheinen. Es hätte eben sehr viel Mutes bedurft, die Authentizität von 'Entronnenen' zu bezweifeln, ohne sofort als sarkastisch, pietät- oder respektlos zu gelten – so als ob man die Opfer nachträglich verhöhnen wolle. Die Darstellung des Kindes in der Hölle diente als rhetorisches Mittel zur Verfestigung der Autorität des Autors. Verstärkt wurde der Authentizitätseffekt der Geschichte durch ein Netzwerk von anderen Autoritäten, die in diesem Fall ähnliche Schicksale erlebt hatten oder sogar Wilkomirskis Geschichte direkt stützten, indem auch sie sich als Überlebende in den vergangenen Kontext einschmuggelten und somit die vergangene Existenz bezeugten.[74] Die Autorität des Verfassers wurde also auch dadurch gepanzert, dass er diese auf andere Zeugen verschob. Wer hätte anfänglich das freudige Wiedererkennen von Opfern und Überlebenden anzweifeln können, ohne als gewissenloser Skeptizist dazustehen? Der Detailreichtum des Textes schließlich verfestigte die Autorität des Autors und die Authentizität seiner Erinnerung: Aus dem Quellenfundus der Shoah und der Nachkriegsgeschichte plazierte Wilkomirski verschiedenste Details und Elemente, die den Anspruch des Textes auf Faktizität befestigen sollen: Die detaillierten Fakten verleihen „der Erzählung die Autorität des Faktischen".[75]

Der 'Fall Wilkomirski' stellt eine manifeste Provokation für die Geschichtswissenschaft dar, weil der Fälschungsbegriff mit Problemen der Zeitgeschichte bzw. der Gegenwart konvergiert. Zwar waren es nicht vorrangig Historiker, die die vermeintlich authentischen Erinnerungen als Erfindung und 'Lügengewebe' demaskierten, trotzdem scheint die Bedrohung des historischen Arbeitens, Denkens und Erinnerns im Sinne der Aufklärung durch solche Täuschungsmanöver auf der Hand zu liegen. Handelt es sich hier noch um einen Typus von 'Geschichtslüge', der durch eine Echtheitskritik faktischer Zusammenhänge quasi-detektivistisch aufgelöst und zurückgewiesen werden kann, so stellt sich das

Problem verschärfter an anderer Stelle. Mit 'Geschichtslügen' ist die Geschichtsschreibung als Projekt der Aufklärung nicht nur im Sinne der 'Geschichts-Fälschungen' und ihrer Spielarten konfrontiert, sondern auch im Sinne von „Legenden, Lügen und Vorurteilen",[76] also mit Komplexen, die nicht rein durch faktische Korrekturen oder methodische Kritiken zu unterbinden sind.

So widmen sich Wolfgang Benz und seine Mitarbeiter in einem Wörterbuch zur Zeitgeschichte den verschiedensten Täuschungsmanövern in aufklärerischer Absicht. Denn das politisch-historische Spektrum solcher Geschichtslügen ist sehr heterogen, auch wenn sich die historiographische Zurückweisung auf die Zeit des Nationalsozialismus, dessen Vor- und Nachgeschichte, beschränkt. Insoweit geht das Buch über die geschichtswissenschaftliche Methode der Quellenkritik hinaus und engagiert sich gegen falsche Geschichtsbilder oder propagandistische Thesen, die auf solchen Lügen basieren. Es will geschichtswissenschaftlich objektivierte Ergebnisse zur Verfügung stellen, damit im öffentlichen Diskurs über die jüngste Vergangenheit 'Geschichtslügen' faktisch und argumentativ destruiert werden können.[77]

Dabei eröffnet sich eine kleine 'Phänomenologie der Geschichtslügen'[78] die im folgenden skizziert werden soll. Zum einen werden Falsifikate bzw. umstrittene Dokumente, wie z. B. die „Hoßbach-Niederschrift" oder die „Protokolle der Weisen von Zion", aber auch das „Anne Frank-Tagebuch" der Kritik unterworfen und in ihrer Echtheit bewertet.[79] Des weiteren bestimmt das Wörterbuch die Faktizität oftmals bis heute umstrittener Kriegsereignisse: Genannt seien hier nur „Guernica 1937", „Lidice 1942", „Katyn 1940", „Marzabotto 1944" oder „Dresden 1945".[80] Gerade bei diesen Ereignissen mit einem überschaubaren, weil örtlich und zeitlich eingeschränkten Ereignisrahmen, spielt die Bestimmung des faktischen Kerns der vergangenen Ereignisse (Zahlen, Orte, Opfer, Täter, Datierung) das wesentliche Moment für die Zurückweisung von Geschichtslügen. Obwohl die Rekonstruktion der Sachverhalte bzw. Geschehensabläufe dabei sicherlich auf der kritischen Interpretation von Dokumenten, Quellen oder Aussagen basiert, geht es hierbei weniger um die Kritik an Fälschungen als vielmehr um einen intersubjektiv nachprüfbaren Informations- bzw. Realitätsbezug, auf den sich weiterführende Diskussionen und Interpretationen notwendig beziehen müssen.

Schwieriger zu bestimmen ist schließlich die dritte Gruppe von Lügen-
phänomenen, über die das Wörterbuch aufklären will, denn hier beginnt
der Gegenstand zu verschwimmen, der eine Geschichtslüge darstellen
soll: „Flucht und Vertreibung" in Europa, die Ursachen des „Ersten und
Zweiten Weltkrieges" oder die „Dolchstoß-Legende" finden als kurze
Darstellungen zeitgeschichtlicher Ursache- und Wirkungskomplexe hier
ihren Platz, aber auch Artikel, die die „Judenvernichtung – was wussten
die Deutschen davon?" oder die „Vergangenheitsbewältigung" der Deutschen beschreiben.[81] Im Gegensatz zu den ersten beiden Gruppen, die
stark auf die Faktizität der Vergangenheit abheben, fungiert hier als Ziel
der Aufklärung die Bildung der historischen Urteilskraft. Diese selber
zielt – im weitesten Sinne – auf Lügengeflechte, Ideologismen oder
Wertungslügen[82], die die Geschichtswissenschaft objektivieren und in
ihrem vermeintlichen Wahrheitsgehalt zurückweisen soll. Wie im Buchti-
tel bereits angedeutet, geht es den Autoren eben nicht nur um die Kritik
an historischen Fälschungen und Tatsachenlügen[83], sondern auch an
Geschichtsmythen und revisionistischen Legenden, also an komplexeren
Zusammenhängen, deren mögliche Bedeutungen im faktischen Sinne
nicht aufzulösen sind, sondern theoretisch und methodisch interpretiert
werden müssen. Insoweit leistet das Buch einerseits eine faktische Aufbe-
reitung von Informationen, andererseits geht es aber darüber hinaus,
indem es Ergebnisse der Geschichtswissenschaft zu komplexeren zeithistorischen Themen so präsentiert, dass sie in der (politischen) Diskussion außerhalb des Wissenschaftsbetriebs kritisch eingebracht werden können. Denn gerade in solchen gesellschaftlichen oder politischen Diskursen der Gegenwart lauern ja solche komplexeren 'Geschichtslügen'.[84]
    Zeitgeschichte als Aufklärung bezieht sich also auf das Außen ihrer
selbst. Deshalb ist auch ein weitergefasster Begriff von 'Geschichtslüge'
nicht ohne Bedeutung für die Vermittlung wissenschaftlicher Forschungen. Diese benutzen zwar über das materielle Fälschungsphänomen heraus keinen positiven, d. h. forschungsleitenden Begriff der Lüge, sei es als
emotionale Disqualifizierung des wissenschaftlichen Gegenübers, als Bewertung komplexer Sachverhalte oder als moralisierende Handlungs-
maxime aus der Geschichte. Aber als Negatives (Kampfbegriff, absichtliche Verzerrung und Verschweigung, Stigmatisierung, Mittel der Ausgrenzung, etc.) steht es der kritischen Rationalität historiographischer Arbeit

gegenüber und forderte diese auf außerwissenschaftlichem Terrain zu
Stellungsnahme heraus, sei es als kompetenter Berater, als politischer
Gegner, aber auch als szientistischer Feind. Es ist sicherlich richtig, dass
die Geschichtswissenschaft mit solch einem weit gefassten Begriff der
'Geschichtslüge' schwerlich arbeiten und forschen kann, aber sie muss
sich auf ihn beziehen können, wenn sie mit praktischer Relevanz in
gesellschafts- oder geschichtspolitische Debatten eingreifen will. Beschäftigt sich die Geschichtsschreibung zwar mit intersubjektiv objektivierbaren Vergangenheiten, die sie methodisch und nicht 'moralisch' diskutiert, um die wissenschaftliche Geltung ihrer Aussagen und Erzählungen
unter Beweis zu stellen, so muss sich die historische Urteilskraft trotzdem auf die Geschichtsbilder oder das Geschichtsbewusstsein außerhalb
ihres Geltungsbereiches einlassen. Auf eine reine Quellen- oder Fäl-
schungskritik wird sie sich dabei nicht zurückziehen können, ohne die
von ihr geschulte Urteilskraft zu beschneiden, deren Ort nicht nur der
akademische Diskurs, sondern die konkurrierenden Geschichtsbilder der
Gesellschaft selber sind. Besonders die revisionistische Propaganda mit
ihrem manifesten Potenzial verschiedenster Wertungslügen muss dabei
als ernst zu nehmende Herausforderung an eine selbst-kritische Geschichtswissenschaft, aber auch an eine auf demokratischen Werten ba-
sierende Zivilgesellschaft verstanden werden. Nicht das geschichtswissenschaftliche Arbeiten und Forschen wird dadurch moralisiert, – was
ihnen nur schaden würde; die Propaganda jedoch muss mit Normen-
und Wertebezug destruiert werden. Wenn man unbedingt will, so soll
man dieses Engagement moralisch oder moralisierend nennen: Für das
diskursive Eingreifen von Historikern sowie von Menschen, die an der
Geschichte diesseits ihrer subjektiven Erinnerungen interessiert sind, spielt
dieser Einwand keine Rolle.

6. 'Geschichtslügen' III: Historiker im Nationalsozialismus – eine Lebenslüge?

„Ein Deutscher ist ein Mensch, der keine Lüge aussprechen kann, ohne sie selbst zu glauben."[85] Angesichts der ungeheuren Katastrophe des Zweiten Weltkriegs und des Genozids an den Juden bestand für den emigrierten Adorno 1945 kein Zweifel daran, was das Volk der Deutschen war: ein Volk von Lebenslügnern. Die für die Lüge und den Lügner spezifische Doppelbödigkeit von Gedanke und Aussage („doppeltes Herz") mutierte bei ihnen zur Einheitlichkeit ihres falschen Lebens, in dem man von seinen Lügen so überzeugt sein muss, dass man diese selber nicht mehr als solche wahrnimmt oder wahrhaben will. In den Augen Adornos verkörperte die für die Lebenslüge fundamentale Inkongruenz von Erleben und Gedanken die gesamte Lebenspraxis während des Nationalsozialismus.

Mit diesem verschärften Diktum möchte ich nun zu einem weiteren Aspekt der 'Geschichtslüge' überleiten, der zurück in die Geschichtswissenschaft führt, und zwar zu den Historikern, die ihre Wissenschaft immer auch als handelnde Menschen repräsentieren: Ihre Biographien eröffnen der institutionalisierten Geschichtsschreibung ein Stück der eigenen Geschichte, mithin die kostbare Möglichkeit zur Selbsthistorisierung und Selbstreflexion. Was damit gemeint sein soll, wird im folgenden an Hand der aktuellen und oft schmerzhaften[86] Diskussion über die Rolle der Historiker im Nationalsozialismus dargestellt.[87] Die spezielle Zuspitzung dieses Themas im Kontext der Geschichtslügen leistet die angedeutete Facette des allgemeinen Lügenbegriffs: die Lebenslüge.[88]

Mit dem Begriff der Lebenslüge nimmt die Lüge eine existentielle Färbung an. Sie vollzieht sich weniger in dem Bereich der sprachlichen Aussage als vielmehr „in der gesamten Lebenshaltung, in der Meinung, die die Persönlichkeit als ganze von sich erweckt, in der Stellung, die sie einnimmt".[89] Insoweit ist sie ein Dauerproblem von Subjekten, deren Lebenspraxis nicht mehr in Einklang zu bringen ist mit den Gedanken und Gefühlen, die sich auf diese Praxis beziehen: So werden z. B. einschneidende und bedeutsame Ereignisse im Sinne des Selbstbetrugs so lange uminterpretiert, bis die eigene Überzeugung diese widerstandslos in die Geschichte der Person integrieren kann. Lebenslüge bedeutet, dass

man sich selber belügt, dabei kritiklos an diese Lügen glaubt, um schließlich die einzelnen Lügen als solche nicht mehr erkennen bzw. spüren zu
können. Indem die Lebenslügen auch nach außen gerichtet sind, um
anderen etwas vorzuspielen oder diese über die eigene Existenz und
deren Geschichte zu täuschen, benötigen sie ein qualitativ hochwertiges
Potenzial an Überzeugungskraft, dass im Fall des Lebenslügners eben so
weit reichen muss, dass dieser von sich selber so überzeugt ist, dass er
seine Lügen nicht mehr als solche wahrnimmt; „denn sicher kann man
andere niemals besser überzeugen, als wenn man selber überzeugt ist. [...]
Die eigene Überzeugtheit gehört zu den Mitteln, die die Lüge, insbesondere in jenen fundamentalen und dauernden Formen sich beschafft".[90]
Besticht die Lüge gerade durch das Vermögen der Intellektualität, die
beim Lügen eine geregelte 'Schizophrenie' der Einbildungskraft kultiviert
und praktiziert, so schlägt diese Cleverness auf den Lügner zurück, wenn
er nicht mehr zwischen den verschiedenen Ebenen differenziert. Die
'lange Dauer' der Lebenslüge zwingt ihn dann zur Einheitlichkeit der
Phantasie, die schon nicht mehr unterscheiden kann zwischen der Refe-
renz, auf die sie sich bezieht, und den Bildern, die sie selber hervorbringt
und erfindet. Der rekonstruktive Aspekt des Erinnerns geht über in die
bloße Konstruktion der eigenen Geschichte und endet in der „dumpfe(n)
Unklarheit des Selbstbetrugs".[91]
    Die Beschäftigung mit der Lebenslüge als einer Facette des Begriffs der
'Geschichtslüge' muss aus zwei Gründen behutsam vorgehen. Zum einen
betrifft dies das normative Problem des 'Moralisierens' oder des moralischen Urteilens in geschichtswissenschaftlichen Kontexten[92]: Bei der
Analyse von Vergangenheiten darf das normative Werturteil über vergangene Entwicklungen, Ereignisse und Personen nicht zur Leitperspektive
der historischen Forschung werden. Nicht nur, weil sich die methodisch-
theoretische Arbeit des Historikers mit Rückgriff auf moralisch-ethische
Fragen rational schwer begründen ließe, sondern auch, weil die Gefahr
der Ideologisierung bzw. Instrumentalisierung durch moralische Werte
unüberwindbare Schranken zwischen historischen Interpretationen aufbauen könnte, die durch die historische Arbeit und deren intersubjektive
Geltungsansprüche nicht mehr zu überwinden sind.
    Der andere Grund besteht in dem erkenntnistheoretischen Problem
einer teleologischen Geschichtsauffassung[93], die in ihren ex post gefällten

Urteilen die zeitlichen und sprachlichen Differenzen zu ihrem Untersuchungsgegenstand (hier: Historiker-Biographien) einebnet und die Verurteilung von Historikern durch Historiker bloß wiederholt: Der Spätergeborene hat immer Recht. Insoweit wird der (notwendige) unhintergehbare historische Standpunkt zum absoluten (hinreichenden) Telos der historischen Urteilskraft überzogen und kann die genuin historische Erfahrung einer Differenz zwischen vergangener Gegenwart und gegenwärtiger Vergangenheit nicht mehr entfalten.

Deshalb möchten die folgenden Gedanken auch weniger die umstrittenen Historiker als Lebenslügner verurteilen, die sich selber, ihre 'Zunft' und Mitstreiter über ihre Rolle im Nationalsozialismus belogen und somit auch die moralische Integrität der Wissenschaft belasteten. Von Interesse ist es vielmehr herauszubekommen, ob und wie im gegenwärtigen Streit über ihren Status im „Dritten Reich" solche Zusammenhänge von Lüge und Lebenslüge artikuliert und diskutiert werden. Dann kann sich nämlich unabhängig von der eigenen Position zu dieser Frage zeigen, dass ein Begriff von Lebenslüge im Konzept der Geschichtslügen seinen berechtigten Platz findet. Es geht ja eben nicht um die Subjektivierung und Emotionalisierung historischer Erkenntnisse, nur weil die Historiker auf einmal selber Gegenstand historischer Reflexion werden. Sehr wohl bleibt aber die Fragestellung nach den Biographien und persönlichen Geschichten (wie auch immer sie erzählt werden, sei es sozialgeschichtlich oder biographisch) insofern berechtigt, als diese selber Teil der Geschichte der Geschichtswissenschaft und ihres Aufklärungsanspruches sind. Die Aufklärung über die Zeit des Nationalsozialismus kann nicht vor der Tür derer haltmachen, die dessen Geschichte professionell behandeln und das gegenwärtige Geschichtsbild über jene Zeit mitbestimmen.

Im Streit um Brunner, Conze, Schieder und andere NS-Historiker geht es selbstverständlich nicht nur um die persönliche Schuld, um das persönliche Versagen dieser Wissenschaftler. Wichtiger scheinen dagegen zwei weitere Themenkomplexe, die die Diskussion bestimmen: zum einen die Frage nach dem Zusammenhang von Ideologie und Historiographie sowie dem Transformationsprozess der NS-Historiographie in die geschichtlichen Forschungen der BRD Nachkriegszeit; zum anderen der persönliche Umgang der Historiker mit der eigenen Geschichte wäh-

rend ihrer zweiten Karriere in der BRD. Auf diesen zweiten thematischen
Diskussionsschwerpunkt soll im folgenden näher eingegangen werden:
Wie werden diese Aspekte des Belügens, Verschweigens und Verzerrens
der eigenen Historiker-Biographie aufgegriffen und bewertet? Und welchen Stellenwert hat dieser spezifische Umgang mit der Biographie für
die Geschichte der Institution Geschichtswissenschaft in Deutschland?

    „Historiker sollten immer wieder Primo Levi lesen. Denn Levi hat sehr
genau beschreiben, wie sich manche Menschen nach dem Holocaust
ihre Wirklichkeit neu zurechtgelegt haben", schreibt Peter Schöttler und
legt damit den Finger auf die Wunde des persönlichen Umgangs mit der
eigenen Verantwortung, Courage und Schuld von NS-Historikern im
Nachkriegsdeutschland.[94] Diese hätten ihre Geschichte immer wieder
neu erfunden, bis sie endlich selber an ihre Unschuld geglaubt und
dadurch jegliche Differenz zwischen Wahrheit und Lüge aufgegeben hätten. Zu diesem Mechanismus des Verdrängens und der Tarnung konsta-
tiert Primo Levi: „Der lautlose Übergang von der Lüge zum Selbstbetrug
ist nützlich: Wer auf Treu-und-Glauben lügt, lügt besser, spielt seine
Rolle besser, findet leichter Glauben beim Richter, beim Historiker, beim
Leser, bei seiner Frau und seinen Kindern".[95] Mit der Beschreibung
dieser – sich und andere täuschenden – Zweckrationalität trifft Levi den
Kern der Lebenslüge, in diesem Fall von Historikern. Nicht nur deren
aktive Teilnahme an der ideologisierenden und institutionell planenden
Praxis nationalsozialistischer Geschichtswissenschaft, sondern gerade die
'lautlose' Integration ihrer Lügen in die häufig steilen und von Erfolg
gekrönten Wissenschaftskarrieren der Nachkriegszeit eröffnet dem Lügenvorwurf seine existentielle Dimension. Dabei geht es weniger um „kleine,
banale 'Lebenslügen'", die den betrügerischen Umgang mit dem eigenen
Leben und Erleben beschreiben; vielmehr geht es angesichts des Völker-
mords um „echte Lügen, um das konkrete Verschweigen und Verdrehen
von Tatsachen, um die Vernichtung belastender Dokumente, um die
Verhinderung von Aufklärung bei gleichzeitiger Beteuerung der eigenen
Unschuld".[96] Der existentielle Charakter der Lebenslüge fällt hier also
mit der Frage nach der Integrität und Wahrhaftigkeit des historischen
Forschens bzw. Arbeitens zusammen: Der anfänglich unbedeutende, weil
nur die persönliche Geschichte betreffende Selbstbetrug geht über in die
bedeutende, weil die Institution Geschichtswissenschaft betreffende

Lebenslüge. Und es ist genau dieser Übergang, der eine besonders sensible Stelle des gegenwärtigen Streits zwischen den Historikern markiert, denn an ihr erhitzen und scheiden sich die historischen Geister: die relativierenden, nach Ausgewogenheit und Empathie ringenden Historiker, die sich unter dem „Interpretament einer reflexiven Lernbereitschaft" versammeln, von den anderen, kritischen Historikern, die sich um die volle Wucht des historischen Urteils bemühen und die theoretisch-moralische Position beziehen, dass nach 'Auschwitz' keine (individualgeschichtliche) Theodizee mehr greife.[97]

Insoweit ist es signifikant, dass der Lügenvorwurf genau dann auftaucht, wenn die Geschichtswissenschaft in direkte, unmittelbar kommunikative Auseinandersetzungen über sich selbst eintritt. Dazu soll nun abschließend diejenige Täuschungsstrategie angeschnitten werden, auf die sich beide, hier idealtypisch zugespitzten Lager in ihrer Kritik und Antikritik beziehen: auf das 'Schweigen' oder 'Verschweigen'.

Neben den Strategien des 'Vertuschens', 'Leugnens' oder 'Verhüllens', mit denen deutsche Historiker in der Nachkriegszeit über ihre NS-Vergangenheit hinwegtäuschen wollten, spielt der Begriff des 'Schweigens' die maßgebliche Rolle bei der Beurteilung ihres Verhaltens. Damit jedoch ist nicht nur das „kommunikative Beschweigen"[98] (Hermann Lübbe) der Deutschen nach dem Krieg gemeint, sondern das strategische, mit Täuschungsabsicht praktizierte 'Verschweigen'. Gerhard Oexle sieht in dieser Strategie ein zentrales Problem, denn: „Auch dabei geht es um Wissenschaft. Zum Beispiel um die Frage, welche Konsequenzen die sich im Schweigen manifestierende Diskontinuität des wissenschaftlichen Subjekts, welche Folgen die Abspaltung, Verdrängung und Verleugnung von Teilen der eigenen Biographie für die wissenschaftliche Arbeit selbst hatte".[99]

Mit dieser Frage berührt Oexle den umstrittenen Zusammenhang von Genese und Geltung geschichtswissenschaftlicher Forschungen und verbindet ihn mit dem Begriff der Lebenslüge. Denn im gezielten Verschweigen der vergangenen Wirklichkeiten zeigt sich ein rein taktisches Verhältnis zur eigenen Person, aber darüber hinaus auch zur Wissenschaft. Auch andere Historiker verstehen das Schweigen bzw. Verschweigen als zentrales Moment nicht nur von persönlicher Schuld[100], sondern einer fragwürdig gewordenen wissenschaftlichen Integrität. Die neuesten Forschungen wiesen darauf hin, so Ingo Haar, „dass ein Kartell des Schweigens bestanden hat, wodurch notwendige Aufklärung verhindert wurde. Nicht nur dieser Sachverhalt begründet eine Revision auf diesem Feld der Wissenschaftsgeschichte."[101] Zwar drücken sich Schulz, Helm und Ott in ihren Beobachtungen zum Verlauf der gegenwärtigen Debatte vorsichtiger aus, wenn sie konstatieren, dass von den deutschen Historikern nach 1945 die „überwiegende Mehrzahl [...] das einstige Fehlverhalten auf Dauer" beschwieg. Aber auch sie stellen sich die darüber hinausweisende Frage, ob „die 'Generation der Sachlichkeit', die sich nach dem Krieg bald wieder in gesicherten Verhältnissen befand, etwa gar nicht von solchen Selbstzweifeln" umgetrieben wurde.[102] Für Wolfgang Behringer wiederum scheint das „Schweigen, mit dem sich die Protagonisten der NS-Wissenschaft nach 1945 umgaben, [...] jenseits der naheliegenden Gründe kein Zufall zu sein, sondern das Ergebnis einer langfristigen Strategie".[103]

Wie auch immer dieses Schweigen in seinen Konsequenzen für die Geschichtswissenschaft gedeutet und gewichtet wird, der Bezug zu dieser fatalen Strategie im Umgang mit der Vergangenheit scheint jedoch zwingend zu sein. Dass die besagten Historiker im „Dritten Reich" fragwürdige Funktionen und Positionen innehatten, dass sie die Wissenschaft ideologisierten und historiographisch dem Unrecht- und Gewaltsystem zuspielten – solche Zusammenhänge fordern die Historiker-Enkel und Urenkel der Gegenwart zur historisch gesättigten Kritik an der Vergangenheit ihrer 'Zunft' heraus. Dass aber genau diese Vertreter *nach* der Katastrophe unfähig waren, offen, aufgeklärt und deshalb befreiend über ihre Schuld zu sprechen, indem sie das Schweigen kultivierten und auf Dauer stellten, ja vieles versuchten, um jegliche Spuren ihrer Vergangenheit zu verwischen, vertieft die Kluft zwischen den Wissenschaftlergenerationen. Schmerzhaft ist dieser Riss, da es nicht mehr 'nur' um materielle Fälschungen geht, oder um einzelne Lügen als publikative, täuschende Handlungen, sondern um die existentielle Lebenslüge, die den für die Forschung notwendigen Anspruch auf Wahrhaftigkeit lebenslänglich untergräbt. „Eine solche Zurichtung der Vergangenheit nach den psychischen Bedürfnissen der Gegenwart wird seit Ibsen gerne Lebenslüge genannt; es ist eine Lüge, die ein ganzes Leben trägt und ohne die dieses Leben vielleicht nicht zu führen ist. Die Wahrheit müsste zu einem ganz anderen Leben führen."[104] Ob dieser Anspruch auf Wahrhaftigkeit und persönliche Authentizität von der Geschichtswissenschaft einzulösen ist, bleibt eine Hoffnung, deren Verwirklichung sich nur am zukünftigen Verhalten der Historiker ablesen lässt. Dass sie geschwiegen haben, prägt die historische Erfahrung. Lediglich in ihrer Negation liegt also die Hoffnung: dass mit dem Schweigen gebrochen wird.

Anmerkungen

1   Vgl. zum Komplex „Auschwitz" und „Auschwitz Lüge": Wolfgang Benz (Hg.): *Legenden, Lügen, Vorurteile. Ein Wörterbuch zur Zeitgeschichte*, München [9]1998, S. 32-37; Till Bastian: *Auschwitz und die „Auschwitz-Lüge". Massenmord und Geschichtsfälschung*, München [2]1994.

2   Vgl. dazu in diesem Band den Beitrag von Tillmann Bendikowski: „*Das ist die Wahrheit*" – *Was ist die Lüge? Über die Bundestagsdebatte zur „Wehrmachts-Ausstellung" am 13. März 1997 und die Grenzen einer „Erinnerungskultur"*. Zum Problemzusammenhang von Geschichtswissenschaft und Lebenslüge siehe Abschnitt 6 in diesem Text.

3   Vgl. dazu das Interview mit Hans Mommsen in diesem Band.

4   Vgl. Gunnar Andersson: Artikel „*Wahr und falsch; Wahrheit*", in: *Handlexikon zur Wissenschaftstheorie*, hg. v. Helmut Seiffert und Gerard Radnitzky, München 1992, S. 369-375.

5   Zu einer sowohl in thematischer als auch in medialer Hinsicht anderen Facette des Geschichtslügenbegriffs vgl. in diesem Band „*Protestantische Geschichtslügen". Die Geburt eines Kampfbegriffes aus dem Geist des konfessionellen Gegensatzes* von Tillmann Bendikowski.

6   http://www.stjosef.at/bischof.k.krenn/festvortrag_sudetendeutsche.htm (30.08.2000). Vgl. des weiteren zum Thema 'Sudetendeutsche und Geschichtslüge' die Web-Seite der Akademischen Burschenschaft ALDANIA Wien: http://members.ping.at/aldania/sudeten.htm. Eine kurze lexikalische Einführung zum Stichwort „Flucht und Vertreibung" in der Folge des Zweiten Weltkriegs bietet: Benz, *Legenden*, S. 83-88.

7   http://www.gsoa.ch/zeitung/Nr5/vergang.htm (31.08.2000).

8   http://www.zeit-fragen.ch/ARCHIV/ZF_46/TLB.HTM (31.08.2000).

9   http://www.h-ref.de/dk/krieg/polen/bromb/brmb.shtml (31.08.2000); vgl. dazu auch: Benz, *Legenden*, S. 47-49.

10 http://www.comlink.de/cl-hh/m.blumentritt/dresdlue.htm (31.08.2000); vgl. dazu auch: Benz, *Legenden*, S. 61-62.

11 http://www.jungefreiheit.de/archiv99/269yy46.htm (31.08.2000); vgl. dazu
    auch: Benz, *Legenden*, S.72-77 u. S. 59-61.

12 http://www.studienzentrum-weikersheim.de/pstettwo.htm (31.08.2000); vgl.
    zur Bundestagsdebatte um die „Wehrmachtslüge" den Beitrag von Tillmann
    Bendikowski in diesem Band.

13 http://www.bidok.uibk.ac.at/texte/finke-liebe.html (30.08.2000).

14 Ebd.

15 Auf http://www.jungewelt.de/1998/05-13/006.htm (31.08.2000) wird die ame-
    rikanische „Luftbrücke" (Juni 1948 – Mai 1949), die „die Freiheit Westberlins
    gerettet" haben soll, als Geschichtslüge von langer Dauer und „durchgrei-
    fende(m) Einfluss auf das kollektive Bewusstsein" der BRD bezeichnet. Der
    DKP Bezirksverband Baden-Württemberg positioniert den Begriff der
    'Geschichtslüge' auf seiner Web-Seite, um ihren Klassenstandpunkt zur „Ab-
    wicklung der DDR" zu umreißen. Dabei umfasst diese Geschichtslüge fünf
    einzelne Lügen über die Geschichte der DDR, den Kalten Krieg, usw. Auch
    hier gehr es um die Durchsetzungskraft der 'wahren' Interpretation, siehe:
    http://www. home.t-online.de/home/dkp-bawue/poswu12.htm (31.08.2000).
    Das Maxim-Gorki Theater bezeichnet auf seiner Informationsseite über aktu-
    elle Stücke das Tagebuch von Emmy Görings als „Dokument des Selbstbe-
    trugs und der Geschichtslüge", http.//www.gorki.de/pages/stuecke/17.html
    (31.08.2000). Zu dem Begriff der 'Geschichtslüge' in anderen politisch-histo-
    rischen Debatten vgl. z. B. die homepage der Jugoslawisch-Österreichischen
    Solidaritätsbewegung (JÖSB) zum Thema „Nato-Verbrecher müssen vor ordentli-
    che Gerichte", http://ourworld.compuserve.com/homepages/LabourNetAustria/
    jug11.htm (31.08.2000) oder auch die Seite der „Fridolins Befreiung-Artikel-
    sammlung Lateinamerika" zu der Ausbeutung der Mapuche (Ureinwohner
    Chiles): http://oeh.tu-graz.ac.at/ arge-kdv/la396_2.htm (31.08.2000).

16 Aurelius Augustinus: *De mendacio und Contra mendacium*, dtsch. von Paul
    Keseling: Aurelius Augustinus. *Die Lüge und gegen die Lüge*, Würzburg 1953.

17 „Aliud tamen clausum in pectore, aliud in lingua promptum est; quod
    malum est proprium mentientis." Aurelius Augustinus: *Enchiridion* 18,6.
    MPL 40, 241, vgl. weiter Augustinus, *Lüge*, S. 3.

18 Thomas von Aquin: *Summa Theologica*, II/II, q. 109-113, Bd. 20, hg. v.
    Albertus-Magnus Akademie, Graz/Wien/Köln 1964.

19 Augustinus, *Lüge*, S. 3.

20 Vgl. zur philosophischen Begriffsgeschichte der Lüge: G. Bien, R. Denker:
    Artikel „*Lüge*", in: *Historisches Wörterbuch der Philosophie*, Bd. 5, hg. v.
    Joachim Ritter und Karlfried Gründer, Basel/Stuttgart 1980, Sp. 533-545.

21 Ebd., Sp. 538 ff.

22 Immanuel Kant: *Über ein vermeintes Recht aus Menschenliebe zu lügen*, in: *Kants Gesammelte Schriften*, Bd. VIII, hg. v. d. Königlich Preußischen Akademie der Wissenschaften, Berlin/Leipzig 1923, S. 425-430.

23 Ebd., S. 425.

24 Dagegen war für Adorno angesichts der Erfahrung von Totalitarismus nicht nur der Begriff der Wahrheit demoliert, sondern auch derjenige der Lüge: „Unter den abgefeimten Praktikern von heute hat die Lüge längst ihre ehrliche Funktion verloren, über Reales zu täuschen. Keiner glaubt keinem, alle wissen Bescheid. [...] Die Lüge, einmal liberales Mittel der Kommunikation, ist heute zu einer der Techniken der Unverschämtheit geworden, mit deren Hilfe jeder Einzelne die Kälte um sich verbreitet, in deren Schutz er gedeihen kann". Theodor W. Adorno: *Minima Moralia. Reflexionen aus dem beschädigten Leben*, Frankfurt/Main [20]1991, S. 28 (*„Vor allem eins, mein Kind."*).

25 Vgl. z. B.: Peter Stiegnitz: *Lügen lohnt sich: Lüge – Wahrheit – Wirklichkeit. Eine sozialanalytische Studie*, Frankfurt/Main 1991; Harald Weinrich: *Linguistik der Lüge*, Heidelberg 1974; Arno Baruzzi: *Philosophie der Lüge*, Darmstadt 1996; Volker Sommer: *Lob der Lüge. Täuschung und Selbstbetrug bei Tier und Mensch*, München 1992; Für einen metapherntheoretisch fundierten Begriff der Lüge ist philosophiegeschichtlich besonders wichtig geworden: Friedrich Nietzsche: *Über Wahrheit und Lüge im außermoralischen Sinne*, in: Ders.: *Sämtliche Werke; Kritische Studienausgabe*, Bd. 1, hg. v. Giorgio Colli/Mazzino Montinari, München 1980, S. 875-890.

26 Walter Gustav Becker: *Der Tatbestand der Lüge. Ein Beitrag zur Abstimmung von Recht und Ethik* (Recht und Staat in Geschichte und Gegenwart. Eine Sammlung von Vorträgen und Schriften aus dem Gebiet der gesamten Staatswissenschaften), Tübingen 1948.

27 Becker, *Tatbestand der Lüge*, S. 9-10.

28 Ebd., S. 10-19.

29 Ebd., S. 17 ff., bes. S. 39-40.

30 Ebd., S. 17-19.

31 Ebd., S. 19, Vorbemerkung.

32 Ebd., S. 19 ff.

33 Ebd., S. 19, Vorbemerkung.

34 Ebd., S. 20 ff.

35 Ebd.; „Mit der Abwendung von der patenten Feststellungslüge beginnt der Weg der Propagandalüge in die Camouflage, die Tarnung." S. 21; vgl. zu

weiteren Formen und Beispielen der 'Propagandalüge' S. 40 ff. - Zum Zusammenhang von Propaganda und Lüge ist immer noch lesenswert der
kurze Textabschnitt „Propaganda" in: Max Horkheimer, Theodor W.
Adorno: *Dialektik der Aufklärung. Philosophische Fragmente*, Frankfurt/
Main 1969, S. 274-275.

36 Becker, *Tatbestand der Lüge*, S. 26; „Aktidealistisches Denken können wir
    ein solches nennen, das an sich sauber, auf Wesentliches, formal, konstitu-
    tiv gerichtet ist, aber die von ihm geprägten Begriffe aus notwendigen
    Situationszusammenhängen herausreisst, sie damit ihrer Einordnung ent-
    zieht und entleert [...]", ebd.

37 Ebd., S. 35 ff.

38 Ebd., S. 36-39; „Die psychologische Betrachtung der Schuld oder des Schick-
    sals der Deutschen kann an einer Berücksichtigung dieses Phänomens der
    Lebenslüge nicht vorbeigehen, wie überhaupt die ganze Lügenproblematik,
    wird sie erst einmal in breiter Front angegriffen, tiefreichende Aufschlüsse
    auf diesem Felde zur Verfügung zu stellen vermögen wird." Ebd., S. 37.

39 Natürlich lassen sich Fälschungsvorgänge verschiedentlich differenzieren,
    wie z.B. in 'Totalfälschungen' im Sinn von reinen Erfindungen oder Fiktio-
    nen und 'Teilfälschungen' durch geschickte Verfälschungen am Original.

40 Becker, *Tatbestand der Lüge*, S. 9.

41 Vgl.: Jörn Rüsen/Friedrich Jaeger: *Historische Methode*, in: *Fischer Lexikon
    Geschichte*, hg. v. Richard van Dülmen, Frankfurt/Main 1990, S. 13-31; „Es
    sollte jedoch nicht übersehen werden, dass auch Falsifikate Quellen sind,
    allerdings nicht in dem Sinne, wie sie es zu sein vorgeben, sondern sie
    bekunden das, worüber sie täuschen wollen." Ebd., S. 15.

42 Christoph Conrad/Martina Kessel (Hg.): *Geschichte schreiben in der Postmo-
    derne. Beiträge zur aktuellen Diskussion*, Stuttgart 1994; Rainer Maria Kiesow/
    Dieter Simon (Hg.): *Auf der Suche nach der verlorenen Wahrheit. Zum
    Grundlagenstreit in der Geschichtswissenschaft*, Frankfurt/New York 2000.

43 Gegen die Einebnung historischer Texte als 'bloß' literarische bzw. fiktive
    vgl. die differenzierende Position von Lucian Hölscher: *Neue Analistik.
    Entwurf zu einer Theorie der Geschichte*, in: Stefan Jordan (Hg.): *Zukunft
    der Geschichte. Historisches Denken an der Schwelle zum 21. Jahrhundert*,
    Berlin 2000, S. 158-174, im besonderen S. 158-162.

44 Roger Chartier: *Zeit der Zweifel. Zum Verständnis gegenwärtiger Geschichts-
    schreibung*, in: Kiesow/Simon, *Geschichte schreiben*, S. 83-97, hier S. 94.

45 Anthony Grafton: *Fälscher und Kritiker. Der Betrug in der Wissenschaft*,
    Frankfurt/Main 1995.

46 Ebd., S. 14.

47 Ebd., S. 14-27.

48 Ebd., S. 27-29.

49 Ebd., S. 29-32.

50 Ebd., S. 41 ff.; Grafton kritisiert auf der Basis seiner 'empirischen', d. h. quellengestützten Untersuchung drei Generalisierungsthesen zur Existenz von Fälschungen: 1. Gefälscht wurde dort, wo kein Sinn für Individualität bzw. individuelle Identität bestand, was aber dem ausgeprägten Empfinden für literarische Individualität in der Antike widerspräche. 2. Gefälscht wurde dort, wo die Publikationsbedingungen nicht ausgeprägt waren, was jedoch der Flut von Fälschungen seit der Entstehung des Buchdrucks bis in die heutige Zeit entgegenstehe. 3. Gefälscht wurde dort, wo Lücken in der Überlieferung entstanden seien, was für Grafton aber nur eine fromme Vermutung darstellt: „Der einzige Grund für die Annahme, früher seien die meisten Fälscher weniger betrügerisch gewesen, ist unser Wunsch, einen beunruhigenden Aspekt der Vergangenheit fortzuerklären", S. 42.

51 Zu der eher oberflächlichen, weil spielerischen Motivation der Täuschung (auch im Sinn der Schadenfreude) vgl. ebd., S. 43 u. S. 9-11; zum Motiv der Liebe S. 43-44 und zum Motiv des Hasses S. 44-45.

52 Ebd., S. 45.

53 Ebd., S. 46-47.

54 Ebd., S. 47-49.

55 Ebd., S. 49.

56 Ebd., S. 51; vgl. zur 'Blindheit' der Kritiker weiter S. 90 ff.

57 Ebd., S. 56. Zur Kontinuität der „Echtheitskritik" ist das Kapitel „Kritiker: Tradition und Innovation" besonders lesenswert, S. 69-97.

58 Andere Zeitensprünge sicherlich als die von Gunnar Heinsohn und Heribert Illig gemeinten, vgl. dazu in diesem Band den Aufsatz *„Lügenkaiser Karl der Große? Ein kritischer Blick auf Heribert Illigs These vom erfundenen Mittelalter"* von Diethard Sawicki.

59 Grafton, *Fälscher und Kritiker*, S. 51; zum zeitlichen Aspekt der Fälschung vgl. auch S. 54.

60 Ebd., S. 63, vgl. dazu die amüsanten Beispiele auf S. 64.

61 Ebd., S. 15.

62 Ebd., S. 61.

63 Ebd., S. 52.

64 Ebd., S. 59.

65 Ebd., S. 59 ff.

66 Ebd., S. 56-58.

67 Ebd., S. 57.

68 Ebd., S. 58.

69 Ebd., S. 63.

70 Binjamin Wilkomirski: *Bruchstücke. Aus einer Kindheit 1939-1948*, Frankfurt/Main 1995 (vom Suhrkamp Verlag 1999 zurückgezogen). Zum abschließenden Diskussionsstand sowohl über die Entstehungsgeschichte als auch über die vermeintliche Echtheit und Authentizität des Buches „Bruchstükke" von Binjamin Wilkomirski vgl.: Stefan Mächler: *Der Fall Wilkomirski. Über die Wahrheit einer Biographie*, Zürich 2000.

71 Daniel Ganzfried: *Die geliehene Holocaust-Biographie*, in: *Die Weltwoche*, 27. August 1998; ders: *Fakten gegen Erinnerung*, in: *Die Weltwoche*, 3. September 1998; ders.: *Bruchstücke und Scherbenhaufen*, in: *Die Weltwoche*, 24. September 1998; ders.: *Binjamin Wilkomirski und die verwandelte Polin*, in: *Die Weltwoche*, 4. November 1999.

72 Die Standpunkte zu dem Problem, ob Wilkomirski ein Lügner sei, der mit *Täuschungsabsicht* seine Leser betrügen wollte, gehen auseinander: Daniel Ganzfried unterstellt ihm den geplanten Vorsatz zu täuschen, anders dagegen Mächler, *Fall Wilkomirski*, S. 287-292 und jetzt auch Jan Assmann, der das Buch nicht als Fälschung verstanden wissen will, sondern bei Wilkomirski „einen besonders schweren Fall von Gedächtnisstörung" diagnostiziert; Jan Assmann: *Religion und kulturelles Gedächtnis*. Zehn Studien, München 2000, S. 14.

73 Peter von Matt, zit. von Mächler, *Fall Wilkomirski*, S. 294.

74 Vgl. dazu Ganzfried, *Verwandelte Polin* und Mächler, *Fall Wilkomirski*, S. 134-142 u. S. 219-226.

75 Ebd., S. 297; Zu den Textstrategien Wilkomirskis und einer Bewertung des gesellschaftlichen Rezeptionsrahmens seiner vermeintlichen 'Biographie' vgl. des weiteren S. 293-327.

76 Wolfgang Benz (Hg.): *Legenden, Lügen, Vorurteile. Ein Wörterbuch zur Zeitgeschichte*, München [9]1998.

77 Ebd., S. 5-6. Dabei scheint der Klappentext in der 9. Auflage 1998, der das praktische Interesse des 'aufklärerischen' Wörterbuchs kurz beschreibt, in fataler Sprachverwirrung über das angestrebte Ziel hinauszuschießen, ja es geradezu zu konterkarieren: „Ein Werk der *politischen Säuberung* (Hervorhebung von mir) und Aufklärung, nützlich für jeden, der in der politischen Diskussion, am Stammtisch oder in der Familie kompetent mitreden will."

Ein nicht unbeträchtlicher Ausrutscher und ein gefundenes 'Fressen' für alle, die hinter dem Projekt der Aufklärung einen versteckten Willen zur Macht vermuten.

78 'Phänomenologie' meint an dieser Stelle nur die analytische Trennung der Gegenstände, die unter dem Oberbegriff 'Geschichtslüge' ausgemacht werden können. Da das Wörterbuch sich in dieser Perspektive keine Mühe gibt, zwischen den Phänomenen zu unterscheiden, schlage ich diese überblicksartige, eher heuristische Unterscheidung vor. Sicherlich sind genauere Differenzierungen bei der Analyse der Wörterbuchartikel möglich, für meine Fragestellung aber nicht weiterführend. Zwei weitere, eher problematische Versuche, den Geschichtslügenbegriff 'analytisch' zu fassen, finden sich im Text *„Protestantische Geschichtslügen"* von Tillmann Bendikowski in diesem Band.

79 Vgl. ebd. die entsprechenden Artikel. Mit der Darstellung von Fälschungen hält sich das Wörterbuch weitgehend zurück. Nur berühmte, noch bis in die Gegenwart umstrittene, Dokumente werden besprochen. Dabei stellen das „Tagebuch der Anne Frank" (S. 24-25) und die „Hoßbach-Niederschrift" (S. 97-99) insoweit Ausnahmen dar, als sie gegen die Revisionisten ausdrücklich als authentische Originale verteidigt werden. Es geht also nicht um den Beweis, dass ein Dokument eine Fälschung darstellt, sondern darum, Originale vor dem revisionistischen Vorwurf der Fälschung zu schützen.

80 Vgl. ebd. die entsprechenden Artikel.

81 Vgl. ebd. die entsprechenden Artikel.

82 Vgl. Abschnitt 3 in diesem Text.

83 Ebd.

84 Vgl. dazu in diesem Band Tillmann Bendikowskis Aufsatz über die Bundestagsdebatte zur Wehrmachtssaustellung.

85 Adorno, *Minima Moralia*, S. 141 („*Zweite Lese"*).

86 Vgl. Jens Reich: *Abschied von den Lebenslügen. Die Intelligenz und die Macht*, Berlin 1992. „Jeder Stand hat seine Lebenslüge. Auch im Westen ist das nicht anders. [...] Auch hier ist das Erwachen aus der Illusion schmerzhaft." Ebd., S. 21.

87 Vgl. im allgemeinen: Winfried Schulze/Otto Gerhard Oexle (Hg.): *Deutsche Historiker im Nationalsozialismus*, Frankfurt/Main ²2000; Peter Schöttler (Hg.): *Geschichtsschreibung als Legitimationswissenschaft 1918-1945*, Frankfurt/Main ²1999. Des weiteren vgl. eine der ersten Bemühungen, die Geschichte der Geschichtswissenschaft im Nationalsozialismus zu analysieren, Karl Ferdinand Werner: *Das NS-Geschichtsbild und die deut-*

sche Geschichtswissenschaft, Stuttgart 1967; siehe auch die kürzere Version dieser Studie von Karl Friedrich Werner: *Die deutsche Historiographie und Hitler*, in: *Geschichtswissenschaft in Deutschland*, hg. v. Bernd Faulenbach, München 1974, S. 86-96.

88 Vgl. Kapitel 3 in diesem Text und auch den für die folgenden Ausführungen wichtigen Aufsatz von Georg Simmel: *Zur Psychologie und Soziologie der Lüge*, in: Ders.: *Gesamtausgabe*, Bd. 5, hg. v. Otthein Rammstedt, Frankfurt/Main 1992, S. 406-419.

89 Ebd., S. 418.

90 Ebd.

91 Ebd., S. 419.

92 Zur Problematik des moralischen Urteilens in der Debatte über die NS-Vergangenheit einiger Historiker vgl.: Otto Gerhard Oexle: *Die Frage der Emigranten*, in: Schulze/Oexle, *Historiker*, S. 51-59, besonders S. 59; des weiteren Peter Schöttler: *Von der rheinischen Landesgeschichte zur nazistischen Volksgeschichte oder Die „unhörbare Stimme des Blutes"*, in: Schulze/Oexle, *Historiker*, S. 89-113, besonders S. 91 ff.

93 Vgl. zur Teleologie des historischen Standpunkts: Lucian Hölscher: *Zerbrochene Geschichte. Der Generationskonflikt in der deutschen Geschichtskultur und die Aporien der teleologischen Geschichtstheorie*, in: *Tel Aviver Jahrbuch für deutsche Geschichte XXIX*, 2000, S. 343-355.

94 Schöttler, *Stimme des Blutes*, S. 92.

95 Primo Levi: *Das Erinnern der Wunde*, in: Ders.: *Ist das ein Mensch? Die Atempause*, München 1988, S. 8.

96 Schöttler, *Stimme des Blutes*, S. 92.

97 Zum „Interpretament einer reflexiven Lernbereitschaft" vgl. Winfried Schulze/Gerd Helm/Thomas Ott: *Deutsche Historiker im Nationalsozialismus. Beobachtungen und Überlegungen zu einer Debatte*, in: Schulze/Oexle, *Historiker*, S. 11-48, hier S. 33-37 und Hans-Ulrich Wehler: *Nationalsozialismus und Historiker*, in: Schulze/Oexle, *Historiker*, S. 306-339, im besonderen S. 328 ff.; des weiteren Wolfgang Schieder: *Keine Fragen, keine Antworten?*, in: Schulze/Oexle, *Historiker*, S. 302-305. „Reflexive Lernbereitschaft" zielt dabei auf die Bewertung und Beurteilung der ganzen Biographie der umstrittenen Historiker: dass also nicht nur das falsche Schweigen über ihre NS-Vergangenheit als Maßstab des historischen Urteils fungieren soll, sondern auch deren liberale Wissenschaftspraxis in der BRD. Weniger Verständnis für diesen subkutanen und unausgesprochenen Wertewandel zeigen dagegen z.B: Götz Aly: *Theodor Schieder, Werner Conze oder die*

Vorstufen der physischen Vernichtung, in: Schulze/Oexle, *Historiker,* S. 163-182, besonders S. 174 ff. oder auch Heinz-Dieter Kittsteiner: *Die Krisis der Historiker-Zunft,* in: Kiesow/Simon, *Auf der Suche,* S. 71-86, im besonderen S. 81 ff. Dass keine 'Theodizee' mehr möglich sei, bedeutet hier, dass die liberale Wissenschaftspraxis der umstrittenen Historiker seit der Nachkriegszeit deren Versagen und Schweigen im Hinblick auf ihre Biographie im „Dritten Reich" *nicht* kompensieren kann.

98 Vgl. Hermann Lübbe: *Der Nationalsozialismus im deutschen Nachkriegsbewusstsein,* in: Historische Zeitschrift 236 (1983), S. 579-599, hier S. 594.

99 Otto Gerhard Oexle: *Die Fragen der Emigranten,* in: Schulze/Oexle, *Historiker,* S. 51-62, hier S. 58.

100 So betont etwa Arnold Esch mit Blick auf das Schweigen eher die Schuldfrage. Er verteidigt den NS-Historiker Hermann Heimpel, da dieser einer der wenigen Historiker gewesen sei, der seine Schuld und sein Versagen öffentlich bekannt habe; Arnold Esch: *Über Hermann Heimpel,* in: Schulze/Oexle, *Historiker,* S. 159-160.

101 Ingo Haar: *„Kämpfende Wissenschaft". Entstehung und Niedergang der völkischen Geschichtswissenschaft im Wechsel der Systeme,* in: Schulze/Oexle, *Historiker,* S. 215-240, hier S. 215.

102 Schulze/Helm/Ott, *Deutsche Historiker im Nationalsozialismus,* S. 36.

103 Wolfgang Behringer: *Bauern-Franz und Rassen-Günther. Die politische Geschichte des Agrarhistorikers Günther Franz (1902-1992),* in: Schulze/Oexle, *Historiker,* S. 114-141, hier S. 130.

104 Jens Jensen: *Deutsche Lebenslügen. Was die Bundesrepublik in das vereinigte Land einbrachte,* http://www.zeit.de/2000/40/kultur/2000040_meinung.html (25.11.2000).

Tillmann Bendikowski

„Protestantische Geschichtslügen"
Die Geburt eines Kampfbegriffes aus dem
Geist des konfessionellen Gegensatzes

Wenn man am Ende des 19. Jahrhunderts einen entschiedenen Protestanten so richtig auf die Palme bringen wollte, dann formulierte man
am besten Sätze wie diese: „Luther war eine von heftigen Leidenschaften
durchstürmte Natur. Er war kein klarer und scharfer Denker" oder:
„Seine theologischen Kenntnisse waren sehr oberflächlich." Joseph Burg,
der solchermaßen harte Urteile fällte, war – wie es diese Kostproben
seines schriftstellerischen Schaffens bereits erwarten lassen – ein „guter"
Katholik und entschiedener konfessioneller Streiter.[1] Ihm verdanken wir
neben anderen das rund 500 Seiten starke Nachschlagewerk mit dem
schlagkräftigen Titel „Protestantische Geschichtslügen", das erstmals 1895
in Essen erschien. Das Buch sollte ein wahrer publizistischer Erfolg
werden: Bald wurde es durch einen zweiten Band ergänzt, und bereits
nach 15 Jahren erlebte das gesamte Werk seine zehnte Auflage.

Zeitgleich mit diesem Buch hatte der Begriff der „Geschichtslüge"
Konjunktur: Von katholischer Seite wurden Werke vorgelegt wie „Geschichtslügen. Eine Widerlegung landläufiger Entstellungen auf dem
Gebiete der Geschichte mit besonderer Berücksichtigung der Kirchengeschichte" oder „Preußische und bayerische Geschichtslügen. Widerlegt
von mehreren Katholiken". Die konfessionelle Gegenseite reagierte mit
Klarstellungen wie „Ultramontane Geschichtslügen. Ein Wort zur Abwehr und Aufklärung gegenüber den Angriffen der Jesuiten von Berlichingen auf Luther und die Reformation" oder „Berlichingen und Bismarck.
Wie ein katholischer Priester den ersten deutschen Reichskanzler zum
Eideshelfer einer Geschichtslüge zu machen suchte".

Wie nie zuvor beschuldigten sich protestantische und katholische
Streiter gegenseitig, für die Auseinandersetzungen in ihrer Gegenwart die

Geschichte bewusst zu verfälschen. Schon auf den ersten Seiten der „Protestantischen Geschichtslügen" von Joseph Burg formulierte dieser den entsprechenden Vorwurf: „Ohne jedes ernstere Studium der Geschichte oder gegen besseres Wissen werden die gröbsten geschichtlichen Unwahrheiten verbreitet und gegen die katholische Kirche ausgebeutet. Auch von ihren Lehren und ihren Einrichtungen wird ein dem Gerechtigkeits- und Wahrheitssinn Hohn sprechendes Zerrbild entworfen. Was die Gegner der katholischen Kirche vorbringen, sind allerdings vielfach widerlegte Lügen, Entstellungen und Verleumdungen."

Derartige Veröffentlichungen sind eindrucksvolle Beispiele eines spezifisch konfessionellen Gezerres um die Geschichte und ihr Deutungsmonopol. Hintergrund dieser Auseinandersetzungen war das ohnehin seit Jahrzehnten zunehmend gespannte Verhältnis zwischen den Katholiken und Protestanten im Deutschen Kaiserreich, das sich in den achtziger Jahren des 19. Jahrhunderts, als der Kampfbegriff der „Geschichtslüge" seine publizistische Verbreitung erfuhr, massiv verschlechterte. Die Konfrontation war nun nicht mehr nur Sache von Kirchenfunktionären oder exponierten religiösen Persönlichkeiten. Die konfessionelle Spaltung lief mitten durch die deutsche Gesellschaft, teilte die Menschen in ihrem Berufsleben wie in ihrem Freizeitverhalten und spaltete so manche Familie, wenn eine weltvergessene Liebe einmal auf einen Menschen aus dem „anderen Lager" fiel und somit eine sogenannte „konfessionelle Mischehe" drohte. Von „Katholikenfressern" und „Protestantenfressern" sei deshalb zunächst die Rede, ehe anhand ausgewählter Werke zur konfessionell konnotierten Geschichtslüge Inhalt und Funktion dieses Kampfbegriffes untersucht werden.

1. Von „Katholikenfressern" und „Protestantenfressern" – die konfessionelle Spaltung der deutschen Gesellschaft

Das 19. Jahrhundert wird in der deutschen Geschichtsforschung mit vielerlei Etiketten belegt: Als bürgerliches Zeitalter wurde es bezeichnet, als Jahrhundert der Säkularisation oder – aus einer anderen Perpektive – als naturwissenschaftliche Ära. Allerdings ließe sich diese Epoche mit

Blick auf die innere Verfasstheit der deutschen Gesellschaft auch als eine Zeit des Konflikts betrachten, der aus der konfessionellen Spaltung des im Deutschen Reich von 1870/71 staatlich geeinten Deutschlands resultierte. Deshalb wird seit kurzem in der Geschichtswissenschaft lebhaft die These vom "Zweiten Konfessionellen Zeitalter" diskutiert.[2] Tatsächlich haben schon seit langem Historiker auf die Bedeutung der konfessionellen Spannung und Zerrissenheit des Gemeinwesens im 19. Jahrhundert hingewiesen. Franz Schnabel beklagte bereits: „Die Mittel des modernen demokratischen Zeitalters wurden überall entwickelt und eingesetzt; der Ton der kirchlichen Kundgebungen, der Schriftsteller, der Zeitungsblätter war maßlos wie nur jemals im Zeitalter der Glaubenskämpfe; nochmals zog ein 'konfessionelles Zeitalter' herauf."[3] „Jeder, der sich der Zeit und ihrem Stil nähert", so hat es Thomas Nipperdey treffend beschrieben, „stößt auf die ungeheure Schärfe des konfessionellen Antagonismus und seiner Rhetorik." Die Gesellschaft des Kaiserreichs, das Leben und der Stil, vom Schulbesuch übers Heiraten bis zu den geselligen Kreisen sei davon betroffen gewesen: „Darum gab es so viele Katholikenfresser und so viele Protestantenfresser."[4]

Wer einen bleibenden Eindruck von dieser Konfessionsspaltung als einem konstitutiven Element des deutschen Lebens, seines Alltags wie seiner Politik erhalten möchte, sollte den Blick auf die sogenannten „Mischehen" zwischen Protestanten und Katholiken richten, dem zentralen Konflikt zwischen den Konfessionen im 19. Jahrhundert. Hier wird dem retrospektiven Betrachter alles geboten, was die Vielfalt der konfessionellen Auseinandersetzung hergab: Da jagte ein protestantischer Offizier aus Sorge um die rechte konfessionelle Erziehung seine Tochter mit der Reitpeitsche durch sein Haus; da landete ein protestantischer Pfarrer wegen vermeintlicher Kindesentführung eines Mischehenkindes vor Gericht, weil er es vor „konfessioneller Vergewaltigung" schützen wollte; und da musste ein kleiner Junge nach dem Tod seines Vaters nach Urteilen preußischer Gerichte evangelisch erzogen werden, obwohl seine Mutter und die drei Geschwister sämtlich katholisch waren.[5]

Die Konflikte prägten nicht nur das alltägliche Leben in vielen deutschen Dörfern, wo Pfarrer zum Kaufboykott bei den Andersgläubigen aufriefen oder der Kampf um die Konfessionsschule erbitterte, langanhaltende Gehässigkeiten nach sich zog, so dass ganze Sippen sich darüber

zerstritten.[6] Selbst in der Politik auf Reichsebene war die konfessionelle
Spannung und Spaltung konstitutiv. Dabei ist der vom protestantischen
Preußen geführte Kulturkampf gegen die katholische Kirche nur das
prominenteste Beispiel, an das heute noch erinnert wird. Doch auch an
vielen anderen politischen Diskussionen und Entscheidungen wird der
konfessionelle Gegensatz sichtbar, der sogar noch am Ende der Weimarer Republik strukturierendes Merkmal gesellschaftlichen und politischen
Lebens war: Zu diesem Zeitpunkt war Reichskanzler Heinrich Brüning
Gegenstand konfessionell gefärbter politischer Auseinandersetzungen.
Den Katholiken kostete es dementsprechend große Überwindung, im
Mai 1932 (wenige Tage vor seinem Sturz) an der Fronleichnamsprozessi-
on vor der Berliner Hedwigskathedrale teilzunehmen und sich damit
öffentlich zu seinem Katholizismus zu bekennen.[7] Die Schwierigkeit
dieser Entscheidung erklärt sich aus dem Umstand, dass Brüning sich
stets um den Nachweis bemühte, dass er an nationaler Gesinnung hinter
niemandem zurückstand. Dies erschien am Ende der Weimarer Republik
noch immer notwendig, weil wie zu Zeiten des Kulturkampfes viele
Protestanten auf die Katholiken als Deutsche herabsahen, „deren natio-
nale Zuverlässigkeit nicht über jeden Zweifel erhaben war".[8]

Tatsächlich schlugen die konfessionellen Streiter der Weimarer Zeit
zuweilen noch immer die Schlachten des Kaiserreichs. Die Zentrumspartei klagte die konfessionelle „Hetze" protestantischer Prägung an: „Das
übelste, allerdings auch älteste Mittel dieser Hetze ist die Anzweiflung
des Deutschtums seitens der Leute, die den Traum vom 'protestantischen Kaiserreich' offenbar noch immer nicht ausgeträumt haben." Und
ironisch hieß es weiter: „Es war ja auch so schön im alten Preussen-
Deutschland, als keine irgendwie einflussreiche Stellung vom Reiche her-
unter bis zu den Kommunen mit einem Zentrumsmanne besetzt werden
durfte!"[9] Diese Grundtatsache des konfessionellen Gegensatzes änderte
sich indes auch nach 1945 keineswegs prinzipiell. Vielmehr lässt sich in
den Nachkriegsjahren sogar eine Revitalisierung konfessioneller Spannungen beobachten, die schließlich nur sehr langsam abklangen.[10]

Wenn im Folgenden der Gegensatz zwischen Katholiken und Protestanten näher betrachtet wird, so ist vorab eine Einschränkung vorzunehmen: Es lässt sich keineswegs von zwei geschlossenen Gruppierungen
sprechen, also von *dem* Protestantismus oder *dem* Katholizismus. Auf

beiden Seiten gab es – damals wie heute – stets liberale und tolerante, aber immer auch dogmatische und kampflustige Streiter für den Glauben. Beide Gruppen zerfielen in Fraktionen, die in bestimmten Fragen immer wieder einmal unterschiedliche Positionen einnahmen – aber in wesentlichen Fragen zumeist übereinstimmten. Dies gilt auch für die zentralen Themen des konfessionellen Gegensatzes. Indem im Folgenden von den konfessionellen Mehrheiten die Rede ist, lässt die Betrachtung Generalisierungen gleichwohl zu. Diese Mehrheiten lassen sich grundsätzlich identifizieren anhand von Stellungnahmen der Kirchenleitungen oder des Engagements der großen kirchlichen Verbände, die sich mit ihrer publizistischen Infrastruktur stets in aktuelle Debatten einschalteten, sie in Gang hielten oder in Ton und Inhalt verschärften. Dies gilt vor allem für den „Evangelischen Bund" auf der einen und den „Volksverein für das katholische Deutschland" auf der anderen Seite. Die folgenden Ausführungen sprechen also stets von den Mehrheiten in Protestantismus und Katholizismus, die Ausnahmen werden mitgedacht.

Der Katholizismus war nach dem Ersten Vatikanischen Konzil von 1870 vom päpstlichen Dogma der Unfehlbarkeit in Fragen des Glaubens geprägt. Dies galt in besonderem Maße für die deutschen Katholiken: Einerseits hatten ihre Bischöfe diesem Dogma zunächst ihren Widerstand entgegengebracht und sich schließlich der Entscheidung gebeugt, wodurch sich die „ultramontane", romtreue Richtung der katholischen Kirche duchgesetzt hatte. Für diese war das Unfehlbarkeitsdogma ein wichtiger Schritt nach der Verdammung aller moderner Grundsätze mit der Enzyklika „Syllabus errorum" von 1864. Andererseits sah sich der deutsche Katholizismus im überwiegend protestantischen Deutschen Reich einer breiten Kritik gegenüber, musste sich – wenn man so will: im Wettstreit der Konfessionen – für die zunehmend ultramontanen Züge seiner Kirche erklären und rechtfertigen.

Die Auseinandersetzungen zwischen den Konfessionen in Deutschland trieben immer dann ihre öffentlichkeitswirksamen Blüten, wenn konkrete Anlässe dazu die Gelegenheit boten. Eine solche war beispielsweise das Jahr 1883 mit den Feiern zum 500. Geburtstag Martin Luthers, die auf manchen Zeitgenossen wirkten wie „die allgemeine Erhebung der deutsch-evangelischen Christenheit".[11] Anders als frühere Feiern, die als öffentliche Feste durchaus integrierende Funktion gegenüber anderen

Konfessionen besessen hatten, bot dieses Jubiläum nun für beide Seiten auch einen willkommenen Anlass, militante Schmähschriften unters Volk zu bringen.[12] Noch Jahre später empörte sich ein evangelischer Autor: „Was haben wir Protestanten von empörenden Lästerreden beim jüngsten Lutherjubiläum uns nicht alles bieten lassen müssen, daß einem evangelischen Manne wohl die Zornesröte gerechten Unwillens in die Wangen stieg!"[13]

Der Blick auf die publizistischen Schlachten der Konfessionen am Ende des 19. Jahrhunderts erinnert an Stefan Zweigs Bildnis der Maria Stuart, in dem er angesichts der religiösen Zwietracht auf der britischen Insel des 16. Jahrhunderts klagt: „Immer sind, die für Gott zu streiten vorgeben, die unfriedlichsten Menschen auf Erden; weil sie himmlische Botschaft zu vernehmen glauben, sind ihre Ohren taub für jedes Wort der Menschlichkeit."[14] Tatsächlich ist das Bild von einem publizistischen „Grabenkrieg" nicht überzogen; das Vokabular der Streifschriften glich scharfen Waffen, es ging um „Angriff" und „Verteidigung", das Gegenüber wurde bestenfalls als „Gegner", häufig allerdings auch wenig brüderlich als „Feind" bezeichnet. Der „Frieden" zwischen den Konfessionen schien aufgekündigt, ein protestantischer Autor beschrieb seine Sicht der Dinge: „Mehr denn je zuvor ist heutzutage der Ultramontanismus an der Arbeit, den konfessionellen Frieden in Deutschland zu untergraben; die Zeit scheint ihm gekommen, das Werk der katholischen Gegenreformation mit erneuten Kräften wieder aufzunehmen und die Protestanten, sei's mit Ueberredung, sei's mit Gewalt, in den Schafstall Petri zurückzuführen."[15] Ein probates Mittel in dieser Auseinandersetzung schien das historische Argument zu sein, und mit ihm – die „Geschichtslüge".

2. Martin Luther ein Säufer, Schürzenjäger und Selbstmörder? Zu Inhalt und Form der konfessionellen Geschichtslügen

Zum zentralen Werk in den konfessionellen Auseinandersetzungen um die tatsächliche oder vermeintliche historische Wahrheit wurde am Ende des 19. Jahrhunderts das Werk „Geschichtslügen", das erstmals 1884 erschien.[16] Hinter den anonym auftretenden „Freunden der Wahrheit", die diese „Widerlegung landläufiger Entstellungen auf dem Gebiete der Geschichte mit besonderer Berücksichtigung der Kirchengeschichte" vorlegten, verbargen sich als Autoren Paul Majunke, Joseph Galland und Joseph Krebs. Der Theologe Majunke (1842–1899) galt als treibende Kraft und damit Herausgeber dieser Schrift und wurde mit seinem streitbaren Wesen zu einer zentralen Figur der konfessionellen Auseinandersetzung um „Geschichtslügen". 1867 zum Priester geweiht, wurde er zunächst Herausgeber der einflussreichen „Correspondenz der Centrumsblätter", 1871–1878 Redakteur der „Germania", die er zu einer der führenden katholischen Tageszeitungen ausbaute, sowie zeitweise für das Zentrum Mitglied des Reichstags und des preußischen Abgeordnetenhauses. Majunke fiel bereits als junger Geistlicher durch seinen scharfen Ton und seine derbe Ausdrucksweise auf. Mochte er in der Kulturkampfzeit auch ein mutiger Verteidiger seiner Kirche gewesen sein (dafür verbrachte er allerdings wegen Vergehens gegen das Pressegesetz und wegen Majestätsbeleidigung über zwei Jahre im Gefängnis), so stieß sein Auftreten später auch in den eigenen Reihen auf Kritik. Der ehedem verdienstvolle Publizist und Politiker endete schließlich als einsamer, eigenbrötlerischer Pfarrer in einer abgelegenen schlesischen Kirchengemeinde.[17]

Die Entstehungsgeschichte seines Buches über „Geschichtslügen" schilderte Majunke in der zwölften und 13. Auflage, die es elf Jahre nach seinem ersten Erscheinen erlebte. Demnach hatte 1883 der Paderborner Verlagsbuchhändler Ferdinand Schöningh sen. angesichts der Publikation des Buches vom „Treppenwitz in der Weltgeschichte"[18] eine entsprechende Darstellung im Sinne eines Volksbuches vom katholischen Standpunkt angeregt.[19] Eine zusätzliche Motivation sei ein Schreiben Papst Leo XIII. gewesen, das einige Monate später bekannt wurde und in dem das Kirchenoberhaupt diejenigen anklagte, „welche die Kirche und das Papsttum zu verdächtigen und gehässig zu machen suchen, mit großer Kraft und Schlauheit die Geschichte der christlichen Zeit angreifen". Zunehmend und gezielt werde „die Geschichte zu einer Dienerin der Parteibestrebungen und der verschiedenen menschlichen Leidenschaften", mit spürbaren Folgen: „Dann ist sie nicht mehr eine Lehrerin des Lebens und ein Licht der Wahrheit, was sie nach den Altvordern mit Recht sein soll, sondern sie wird zur Komplizin des Verbrechens und zur Kourtisane der Korruption, und zwar vornehmlich für junge Leute, deren Seele von

wahnwitzigen Ideen erfüllt und deren Sinn von Ehrbarkeit und Beschei-
denheit abgelenkt wird."[20] Dergestalt durch den päpstlichen Willen zur
Errettung der „edlen Wissenschaft" Geschichte gestärkt, erschienen Paul
Majunke Publikationen zur Widerlegung von Geschichtslügen vollauf
gerechtfertigt, „für die Gegenwart nützlich, ja notwendig".[21]

Als „eine Art Nachlagewerk" listete das Buch eine Auswahl „protestantischer Geschichtslügen" auf, die zwar auch schon für Geschehnisse des
„christlichen Altertums" und des Mittealters ausgemacht wurden, in
ihrer Mehrzahl allerdings aus dem „Reformations-Zeitalter" und der
„neueren Zeit" stammten. Dazu zählten konkrete Begebenheiten wie die
Auseinandersetzungen über Galileo Galilei[22]; über die Zerstörung Magdeburgs im Dreißigjährigen Krieg[23] sowie besonders über die Person
Martin Luthers: „Sehen wir uns diesen Verherrlichungen gegenüber den
wirklichen, den historischen Luther an, so finden wir, daß er – einige
zuzugestehen löbliche Eigenschaften, wie z. B. seine Freigebigkeit und
Leutseligkeit – durchweg als das Gegenteil von dem erscheint, wozu ihn
eine tendenziöse Geschichtsmalerei herausgeputzt hat."[24]

Neben solchen konkreten Beispielen findet sich ein grundsätzlicher
Beitrag über „Die deutschen Reichsfeinde in der Geschichte", der gegen
die Verdichtung zahlreicher vermeintlich historischer Unwahrheiten po-
lemisiert.[25] Darin wird in unmittelbarer Reaktion auf die weitverbreitete
Verdächtigung der Katholiken im Deutschen Kaiserreich als „Reichsfeinde" der Vorwurf nun gegen den Protestantismus selbst gerichtet. Im
gesamten Mittelalter, so heißt es darin, hätten christliche Herrscher stets
die „deutsche Einheit" bewahrt, erst mit der Reformation habe „das
Zeitalter der Vaterlandsverräter, der Reichsfeinde" begonnen: Protestantische Fürsten lehnten sich gegen Kaiser und Reich auf, einzelne gingen
sogar Bündnisse mit dem „Erbfeinde" – den Franzosenkönigen – ein.[26]
Mit der Niederlage gegen Napoleon 1806 wurde dieses „Jahrhunderte
lange Treiben der deutschen Reichsfeinde [...] endlich mit Erfolg gekrönt:
Ohnmächtig und aus tausend Wunden blutend lag das Reich am Begin-
ne unseres Jahrhunderts zu den Füßen des korsischen Eroberers, so daß
es dieser mit leichter Mühe gleich einem Kadaver zu zerstückeln ver-
mochte."[27]

Das entscheidende Moment an der konfessionellen Polemik Paul
Majunkes war sicherlich die von ihm wiederaufgenommene These vom

vermeintlichen Selbstmord Martin Luthers. Selbst entschiedene katholische Streiter hielten sich an diesem Punkt zumeist zurück. So kommt der
eingangs zitierte Joseph Burg in seinen „Protestantischen Geschichtslügen" zwar nicht umhin, nach katholischer Sitte die vermeintlich unmäßi-
gen Lebensgewohnheiten Luthers zu erwähnen – wobei er suggeriert,
Luther haben pro Tag mehrere Liter „süßen und ausländischen" Wein
getrunken[28] – und diese auch für dessen Tod mitverantwortlich zu machen, doch bezeichnet er die Geschichte über einen möglichen Selbstmord deutlich als eine „Fabel". Als erster katholischer Autor habe im Jahr
1591 (45 Jahre nach Luthers Tod) der italienische Oratorianer Thomas
Bozius dieses „Selbstmordgerücht" aufgenommen und behauptet, „Luther habe sich selbst einen elenden Tod durch den Strick bereitet". Ein
anderer Autor, der Franziskaner Heinrich Sedulius, habe diese Erklärung
in seiner 1606 erschienen Darstellung erneut aufgegriffen und die „plum-
pe Lüge" verbreitet, ein Diener habe „unseren Herrn Martin am Bette
hängend und elend erwürgt" vorgefunden.[29] Ende des 19. Jahrhunderts
wurde die Selbstmordthese – abgesehen einmal von dem Traktat des
norwegischen Missionspriesters J. A. Kleis[30] – prominent nur noch von
Paul Majunke propagiert. Dieser präsentierte diese These ausführlich in
seiner Darstellung über „Luthers Lebensende"[31]. In verschiedenen Quellen wollte er glaubhafte Hinweise gefunden haben, so auch jenen, wonach „Luther bei Lebzeiten wiederholt erzählt hatte, daß er von Selbst-
mordgedanken belästigt werde. Bald wollte er sich, wenn er verdrießlich
war, mit einem Messer erstechen, bald an einen Baum aufhängen".[32]
    Potestantische Schriften reagierten empört auf „sogenannte Ge-
schichtswerke, in denen mit einer Gehässigkeit und Roheit ohnegleichen
Luther – angeblich nach den besten Quellen – als ein wüster Revolutio-
när ohne jeden sittlichen und religiösen Halt, als ein meineidiger und
verlogener Mönch, als ein Säufer und Schürzenjäger, sein gottseliger Tod
aber als ein im Delirium tremens begangener Selbstmord dargestellt
wird".[33] Wie verletzend solche Angriffe gegen die Person Luthers für viele
Protestanten gewesen sein müssen, zeigt die harsche Formulierung eines
Pfarrers von 1890: „Unter all den zahllosen Schmähschriften, in denen
römischer Übermut seit dem im Kulturkampf errungenen Siege alles, was
uns Evangelischen groß und heilig, was uns wert und teuer, durch den
Kot zieht, ist ohne Frage die dreisteste, verlogenste und gehässigste die

[...] 'historische Untersuchung' über Luthers Lebensende von Paul Majunke."[34]

Abgesehen einmal von der exponierten Auseinandersetzung um Paul Majunke und Luthers angeblichen Selbstmord fand um die Jahrhundertwende neben anderen Fällen das öffentliche Auftreten des katholischen Freiherr Adolf von Berlichingen publizistische Beachtung. Belegt ist sein Streit mit dem protestantischen Leipziger Professor Horst Kohl um ein angebliches Bismarck-Zitat über „protestantische Geschichtslügen". Einzelne der gegenseitigen Anschuldigungen erschienen im „Leipziger Tageblatt", 1903 legte Kohl schließlich eine Dokumentation des gegenseitigen Schriftwechsels vor. Kohl war ein ausgewiesener Kenner Bismarcks, schließlich verkehrte er als „literarischer Adlatus" seit 1891 im Hause Bismarck, hatte verschiedene Schriften des ehemaligen Reichskanzlers herausgegeben und war an der Veröffentlichung der Memoiren beteiligt.[35] Kern des Streits war in diesem Fall der Vorwurf der Fälschung.[36] Der Reichskanzler, so behauptete der Priester Adolf von Berlichingen, habe im Reichstag wörtlich erklärt, dass „von der protestantischen, lutherischen, liberalen Partei hundert Jahre lang in der Geschichte und in Geschichtsbüchern so viel gelogen würde, daß diese Partei durch ihre Lügen noch gefährlicher geworden sei als die sozialdemokratische".[37]

Die Gleichstellung von „Protestantismus" und „Liberalismus" sowie „protestantischer Geschichtsschreibung" mit „lügenhaften Historikern des Liberalismus" erzürnte Horst Kohl.[38] In seiner Schrift „Wie ein kathol. Priester den ersten deutschen Reichskanzler zum Eideshelfer einer Geschichtslüge zu machen suchte", rekonstruierte er Bismarcks Rede. Im Gegensatz zu den Angaben Berlichingens hatte dieser im Reichstag vielmehr erklärt: „Daß die sozialdemokratische Partei im Staate zur Herrschaft gelangen, uns in Mark und Blut vergiften wird, das glaube ich nicht. Wohl aber traue ich das der Fortschrittspartei zu; ihr Gift ist mächtiger als das der Sozialisten. Bei den falschen geschichtlichen Traditionen, welche lügenhafte Historiker des Liberalismus seit 50, 100 Jahren in die Welt gesetzt haben, und seit länger noch, ist die fortschrittliche Mischung viel giftiger als die der Sozialisten."[39]

Schließlich musste der katholische Priester seinen ungenauen Umgang mit dem Zitat eingestehen. Dies tat er indes höchst kunstvoll, indem er von einer „veränderten Wiedergabe der Worte Bismarcks" sprach: Er

habe das Wort „protestantisch" den Worten „Historikern des Liberalismus" hinzugesetzt, „denn katholische Geschichtsschreiber des Liberalismus gibt es nicht". Dies schien ihm so selbstverständlich, dass „ich an
eine absichtliche Fälschung gar nicht dachte".[40] Deshalb empfand er den
Vorwurf der Lüge durch Horst Kohl als „schwere persönliche Beleidi-
gung", die in den Kreisen seines Widersachers „vorschriftsmäßig nur mit
Blut abgewaschen wird". Dieser Drohung mit dem Duell folgte allerdings
zugleich die entschuldigende Einschränkung, „daß ich als katholischer
Priester ihn zu dieser Satisfaktion nicht zwingen kann".[41] Dergestalt
gehandikapt, blieb ihm nur die verbale Attacke, Professor Kohl sei „ein
ganz schlecht erzogener Mensch".

Die angeführten Beispiele für Auseinandersetzungen um konfessionell
konnotierte Geschichtslügen haben gezeigt, dass diese unterschiedliche
Facetten hatten: Beklagt wurden bewusste oder unbewusste Lügen, Fälschungen (wie es bei der Auseinandersetzung zwischen Berlichingen und
Kohl der Fall war) oder auch das Verschweigen der historischen Wahrheit. Auch den Zeitgenossen waren diese verschiedenen Ausprägungen
der Lüge bewusst, und sie versuchten, sich und den Lesern ihrer Darstellungen diese Unterschiedlichkeit zu erklären. So unternahm auch Paul
Majunke in seinen „Geschichtslügen" eine genaue Beschreibung dessen,
„wie Geschichtslügen entstehen" und in welch unterschiedlichen Formen
sie auftreten können. Er unterschied „mittelbare" und „unmittelbare"
Geschichtslügen, also eine „schlimmere" und eine „harmlosere Art". Im
ersten Falle beruhe die Geschichtslüge sowohl nach Form wie nach Inhalt
auf einer bewussten Fälschung des historischen Materials. Die Fälscher,
die die Nachwelt bewusst irreführen wollten, erfänden entweder „historische Tatsachen", die sich niemals ereignet haben, erdichteten „historische
Dokumente", um damit eine unhistorische Tatsache zu behaupten, oder
schrieben historischen Persönlichkeiten Zitate zu, die diese niemals geäu-
ßert haben. Die Motive dieser Fälscher resultierten aus persönlichem
oder „Partei-Interesse", zuweilen aber auch schlicht „aus bloßem Gefallen
an der Lüge".[42] Ähnlich wie bei diesen „mittelbaren" Geschichtslügen
dominiere auch bei der „unmittelbaren" der Wunsch, „die Geschichte so
zu formieren, wie es den eigenen Wünschen entspricht". In diesem Falle
müsse man allerdings „diesen Sündern gegen die Wahrheit mildernde

Umstände" zubilligen, weil diese eben in unbewusster Weise zu Geschichtsfälschung griffen. Es seien geradezu „psychologische Ursachen",
die hier zu beobachten seien; ein Protestant, „der von Jugend auf Luther
als einen Heiligen, als einen Reformator und Beglücker des Volkes hat
preisen hören", wird jedem Misstrauen gegenüber Luther unzugänglich
bleiben: „Er wird darum geneigt sein, die Wahrheit als Lüge, die Lüge als
Wahrheit auszugeben."[43]

Majunke machte damit durchaus einen deutlichen Unterschied zwischen der bewussten und der unbewussten Täuschung. Letztere sei ja
eigentlich keine richtige Lüge, denn eine solche „setzt immer das Be-
wußtsein und die Absicht zu täuschen voraus". Dessen ungeachtet hielt
er auch für diese Fälle am übergeordneten Begriff der „Geschichtslüge"
fest: Dieser schien ihm nämlich bestens dazu geeignet, kurzweg alles zu
bezeichnen, „was einem als eine historische Unwahrheit erscheint". Für
das Festhalten an diesem Begriff spreche überdies auch, dass im „gegne-
rischen Lager" keine unnötigen begrifflichen Differenzierungen vorge-
nommen werden.[44]

Diese psychologisierende Unterscheidung Majunkes in bewusste und
unbewusste Geschichtslügen wurde Jahrzehnte später ergänzt durch einen Beitrag über Geschichtslügen im evangelischen Lexikon „Religion in
Geschichte und Gegenwart".[45] Der Verfasser unterrichtet im Jahr 1928,
quasi schon im Rückblick auf die konfessionellen Auseinandersetzungen
um die Jahrhundertwende, dass der Begriff erst maßgeblich von Paul
Majunke und seinem gleichnamigen Werk „in die Geschichtswissenschaft eingeführt" worden sei. Und ähnlich wie Majunke definiert der
Autor Geschichtslügen als einen Oberbegriff: für „historische Unrichtig-
keiten von mehr oder minder folgenschwerer Bedeutung" und mithin als
„Schlagwort für die historische Unwahrheit" überhaupt. Er unterscheidet
bei Geschichtslügen zunächst die „Fälschung von Quellen". Gerade „die
konfessionelle Polemik arbeitete mit gefälschtem Material". Die histo-
risch-kritische Methode mache diesen Unternehmungen allerdings zunehmend das Leben schwer – je geschärfter der historische Blick, „desto
mehr traten die Geschichtslügen der Urkundenfälschung zurück". Als
zweite Form der Geschichtslüge wird die „unbewußte Unrichtigkeit"
genannt, dazu zählten Mythen, Legenden und Anekdoten. „Ihr Wert
aber ist ein anderer als bei der Fälschung", das seelische Empfinden

könne ein richtiges sein, so dass zwar nicht die „historische Wirklichkeit" wiedergegeben werde, wohl aber die „historische Wahrheit". Diese feinsinnige Unterscheidung verdeutlicht der Autor am Beispiel des berühmten Lutherworts „Hier stehe ich, ich kann nicht anders". Dieses Zitat sei, „historisch betrachtet, eine Geschichtslüge, Luther hat in Worms nicht so gesprochen; aber es ist 'wahr' als unvergleichliche, knappe, historisch richtig aufgefaßte Wiedergabe der Situation von 1521".

Als dritte Form der Geschichtslüge gilt dem Verfasser des Lexikonartikels schließlich – und damit ergänzte er Majunkes Beschreibung entscheidend – ihre „gefährlichste und am schwersten aufdeckbare" Variante, die in der „Unvollkommenheit des Quellenmaterials und in der verschiedenen Deutungsmöglichkeit und Kombinationsmöglichkeit seitens des Historikers oder seines Stellvertreters" liege: Geschichtslügen „dieser Art sind unvermeidlich, sobald irgendwie ein historisches Faktum sich auf nicht eindeutigen Quellen aufbaut, aber erklärt sein will. Und absolut eindeutig sind die allerwenigsten!" Die „gewaltige praktische Bedeutung dieses Problems" veranschaulicht der Autor mit dem zeitgenössischen Beispiel der sogenannten „Kriegsschuldlüge"[46], die, „mit ungeheurem politischen Gewicht belastet, auf der einen Seite ebenso lebhaft als G.[eschichtslügen], auf der anderen Seite ebenso lebhaft als Wahrheit hingestellt wird". Mit dieser Differenzierung gelangte der Autor des Lexikonartikels allerdings zugleich in die Untiefen der Geschichtsphilosophie: „Erhebt sich damit die Frage nach einer letztlich entscheidenden Wahrheitsinstanz über der G.[eschichtslüge], und kann diese Wahrheitsinstanz, da sie nur eine menschliche sein kann, jeder Mensch aber in der Deutung historischer Tatsachen irrtumsfähig ist, keine absolute sein, so könnte man das Problem der G.[eschichtslüge] paradox dahin zuspitzen, daß alle Geschichte G.[eschichtslüge] ist. Das wäre dann freilich absoluter Skeptizismus und das Ende der Historie." Tatsächlich hatte der Autor mit diesem Gedankengang den Referenzpunkt jeder Auseinandersetzung um Lüge und Wahrheit in Frage gestellt: die Existenz geschichtlicher Realität überhaupt. Wer davon ausgeht, dass es eine solche vergangene Wirklichkeit nicht gibt, entzieht jeder Auseinandersetzung über Täuschung, Fälschung und Lüge die Grundlage.

Von solchen wohlfeilen Überlegungen waren die konfessionellen Streiter am Ende des 19. Jahrhunderts indes weit entfernt. Für sie gab es ohne

Frage eine historische Realität, eine Wahrheit, die es zu verteidigen galt gegen lügnerische Unternehmungen. Über deren Motive waren sich alle Beteiligten weithin einig: Die Vergangenheit wurde als Waffe der Gegenwart benutzt, um die andere Konfession zu treffen, zu diskreditieren und zu schwächen.

3. Die Vergangenheit als Waffe der Gegenwart. Zur Funktion der konfessionellen Geschichtslügen

In diesem Sinne fürchteten die Zeitgenossen die Geschichtslügen als „eine gefährliche und willkommene Waffen in der Hand unserer Gegner".[47] Die Klage von protestantischer Sicht ging dabei über konkrete Lügenvorwürfe hinaus und erhob grundsätzlich die Beschuldigung, ein großer Teil der ultramontanen Presse bediene sich von „der Unwahrheit an bis zur faustdicken und bewußten Lüge, sobald es sich um das konfessionelle Gebiet handelt, insbesonderheit um den Gegensatz zwischen Protestantismus und Katholizismus, um die Persönlichkeit Luthers und seine große kirchliche Neuschöpfung, um geistige Freiheit und syllabistische Gebundenheit".[48] So solle „die sittliche und religiöse Minderwertigkeit des Protestantismus" demonstriert und „in den Herzen der Deutschen der Glauben an Luthers göttliche Berufung und an die sittlich-religiösen Grundlagen der Reformation" erschüttert werden.[49] Besonders greifbar würden solche Versuche bei den Angriffen auf die Person Martin Luthers; gelte es doch „in Luther die evangelische Kirche zu treffen, durch die Beschimpfung des Reformators den Kindern der Reformation ins Gesicht zu schlagen".[50] In umgekehrter Form glaubte die katholische Seite Motive für „protestantische Geschichtslügen" entdeckt zu haben – als gezieltes Mittel, „um die Kirche verdächtig, das Papsttum verhaßt zu machen".[51]

Wichtiger war für die katholische Seite indes ein anderer Aspekt. Ihre Vertreter propagierten in variierender Form die Denkfigur, wonach der Protestantismus als Abfallbewegung vom rechten Glauben allmählich sein Ende erreiche und sich zusehends auflöse. Das Luthertum, so die Prognose, zerfalle, und die römische Weltkirche werde aus dem konfessionellen Streit als klare Siegerin hervorgehen. In diesem Sinne sei Martin

Luther mit seinem Vorhaben gescheitert, hieß es wiederkehrend in unterschiedlicher Formulierung: Der Reformator könne „uns nur ein mitleidiges Lächeln abnötigen; alle seine der Kirche ins Angesicht geschleuderten Drohungen harren vergebens der Erfüllung, und der Name 'lutherisch' oder 'Lutheraner' ist selbst unter den Protestanten zum Sektennamen geworden. Die Schleusen der Irrlehre und des Unglaubens, die Luther gegen die Kirche geöffnet, haben sich zu allererst auf sein eigenes Werk gestürzt, und auf den Wogen des protestantischen Unglaubens schwimmen heute nur noch einzelne Wracks des alten Luthertums hin und her. Diese Wogen des Unglaubens schäumen in eitler Wut an den Felsenmauern der katholischen Kirche hinauf und brechen sich an diesem Gottesbau, der heute noch größer und erhabener dasteht, als zu Luthers Zeiten."[52]

An anderen Stellen wurde dieser Wunsch nach Absterben des Protestantismus noch deutlicher. Nicht nur wurde in verschiedener Form wiederholt „jene unselige Glaubensspaltung des XVI. Jahrhunderts"[53] beklagt, die die Gegenwart noch immer präge und so viele Konflikte verursache, auch wurden konkrete Anhaltspunkte beschrieben, die die Hoffnung berechtigt erschienen ließ, dass die Kirchenspaltung im Sinne der römischen Kirche beendet werden könne. So formulierte Joseph Burg in seinen „Protestantischen Geschichtslügen": „Wehmüthigen Herzens habe ich manche der folgenden Ausführungen niedergeschrieben, in der Wahrnehmung, daß das arme, protestantische Volk seit dem 16. Jahrhundert fort und fort betrogen und belogen wird - nur, um es von der katholischen Kirche fernzuhalten. Und so kommt es, daß auf den Augen so Vieler, die noch an eine höhere Weltordnung und an Gott und Christum glauben, eine Binde liegt, daß sie die Kirche des Weltheilandes nicht erkennen und mit unsteter Hast die große und wunderbare Einheit des Christenthums in Tausende von Lehr- und Privatmeinungen auflösen und, statt aus der ewigen Quelle der Wahrheit zu schöpfen, sich durchlöcherte Cisternen graben. Es giebt allerdings viele protestantische 'Adventseelen', die ein geheimnisvolles Sehnen haben nach dem sichtbaren Reiche Gottes auf Erden, und die alles das, um was sie beten und flehen, und wonach sie streben und ringen, nur in der katholischen Kirche - der wahren Kirche Jesu - finden können. Möge es Weihnachten werden in ihrer Seele!"[54]

Ein letzte Steigerung in der Beschreibung solcher vermeintlicher Zerfallserscheinungen des deutschen Protestantismus empfand mancher noch verstärkt durch den Aufstieg der Sozialdemokratie, die in katholischen Gebieten „nirgends Wurzeln fassen kann", sich dagegen intensiv in den „ehemaligen" – schon in diesem Adjektiv liegt die ganze Schärfe konfessioneller Polemik! – Domänen des Luthertums ausbreiten könne. Diese neue politische Kraft werde deshalb „bald allen Protestanten kategorisch die Alternative stellen: entweder socialdemokratisch oder katholisch zu werden".[55] Eine solche Wahl musste – und sollte – jedem entschiedenen Protestanten schlicht als Wahl zwischen Pest und Cholera erscheinen.

Doch trotz aller konfessioneller Polemik: Der Traum vom friedlichen Nebeneinander – seltener noch von einem Miteinander – von Katholiken und Protestanten wurde auch an der Schwelle zum 20. Jahrhundert geträumt. In diesem Sinne zitierte eine Schrift 1903 die kleine Geschichte eines protestantischen Pfarrers aus einem unterfränkischen katholischen Dorf: „Wenn dort ein Protestant beerdigt wird, dann läuten alle Glocken bis der Zug am Gottesacker angekommen ist, und sein Kirchlein nimmt dann das Geläute auf. Dem Zug voran trägt ein katholischer Chorschüler das Kruzifix, zwei andere gehen zu beiden Seiten des Pfarrers. [...] Und wenn dann am Grab die Handlung beginnt mit dem Bekenntnis des Glaubens, auf den wir leben und sterben, und du siehst, wie alle, ohne Unterschied der Konfession, andächtig die Hände falten und manche Lippen leise sich bewegen, so ists doch etwas Erhebendes."[56]

Ob diese kleine Geschichte sich so wirklich zugetragen hat, ist nicht entscheidend. Aber sie zeichnet – auch wenn sie nur gut erfunden wäre – die Konturen einer möglichen konfessionellen Toleranz in der deutschen Gesellschaft nach. Doch Jahrzehnte sollten noch vergehen, ehe die Konflikte abnahmen – auch in der Weimarer Zeit war die Konfessionsspaltung eine Grundtatsache deutschen Lebens, und viele Konflikte entzündeten sich nach 1945 neu, als in Westdeutschland mit den Millionen Flüchtlingen und Vertriebenen aus dem Osten plötzlich Katholiken in protestantische und Protestanten in katholische Gebiete verschlagen wurden. Zugleich verlor der Begriff der „Geschichtslüge" seine ausschließlich konfessionelle Prägung und fand nun Einzug in höchst unterschiedliche, oft historisch-politisch geprägte Auseinandersetzungen. Wenn im Jahr 1926 ein Autor namens Ernst Kießkalt „Die Aufdeckung einer

Kultur- und Geschichtslüge" für sich reklamierte, weil er in seiner Darstellung „Die Post" dieselbe als „ein Werk Kaiser Friedrichs II.", nicht der
Taxis" entlarvte, so ist dies ein eindrucksvolles Beispiel dafür. Auch in
nationalistischen und völkischen Publikationen wurde die Geschichtslüge
nun zunehmend zu einem beliebten Topos. Der Begriff der „Geschichtslüge" verlor mit dem Ende des „Zweiten Konfessionellen Zeitalters", das
sich bis in die Mitte des 20. Jahrhunderts erstreckte, seine typisch konfessionelle Konnotation. Was blieb, waren die Erfahrungen mit den unterschiedlichen Spielarten dieser Täuschung und die Erwartung, dass auch
in Zukunft das Vermögen menschlicher Phantasie immer wieder solche
Lügen hervorbringen werde. Aus der Perspektive des ausgehenden 19.
Jahrhunderts war dies keine schöne Aussicht: „Die Geschichtslügen zählen eben einmal zu jenen Würmern, die nicht sterben, desto öfter aber
müssen sie getreten werden."[57]

Anmerkungen

1   Joseph Burg (1857–1923) machte sich vor allem als Sozialpolitiker einen
    Namen. Der promovierte Theologe war unter anderem von 1894 bis 1905
    Schriftleiter der „Essener Volkszeitung" und Gründer des Sonntagsblattes
    „Die christliche Familie" sowie Begründer und Schriftleiter der „Sozialen
    Revue" (1901–1905); vgl. *Neue Deutsche Biographie*, 3. Bd., Berlin 1957,
    S. 42 f.

2   Vgl. dazu Olaf Blaschke: Art. *Das 19. Jahrhundert: Ein Zweites Konfessio-
    nelles Zeitalter?*, in: *Geschichte und Gesellschaft*, Jg. 26, 2000, S. 38–75.

3   Franz Schnabel: *Deutsche Geschichte im neunzehnten Jahrhundert*, Bd. 4:
    Die religiösen Kräfte, Freiburg 1937 [ND München 1987], S. 271.

4   Thomas Nipperdey: *Deutsche Geschichte 1866–1918*, Erster Band: *Arbeits-
    welt und Bürgergeist*, München 1990, S. 529.

5   Dazu einführend Tillmann Bendikowski: *Großer Kampf um kleine Seelen.
    Konflikte um konfessionelle Mischehen in Preußen des 19. Jahrhunderts*,
    in: *Jahrbuch für Westfälische Kirchengeschichte* Bd. 91 (1997), S. 87–108,
    sowie ders.: *Gerechtigkeit für August Hergesell. Kinder aus konfessionellen
    Mischehen im Spannungsfeld deutscher Rechts- und Verfassungsgeschichte*,
    in: Günter Brakelmann u.a. (Hg.): *Auf dem Weg zum Grundgesetz. Beiträge
    zum Verfassungsverständnis des neuzeitlichen Protestantismus*, Münster
    1999, S. 46–54.

6   Eine ertragreiche Regionalstudie lieferte Christel Köhle-Hezinger: *Evange-lisch – Katholisch. Untersuchungen zu konfessionellem Vorurteil und Kon-flikt im 19. und 20. Jahrhundert vornehmlich am Beispiel Württembergs,* Tübingen 1976, hier S. 3.

7   Hermann Pünder: *Politik in der Reichskanzlei. Aufzeichnungen aus den Jahren 1929-1932,* hg. von Thilo Vogelsang (Schriftenreihe der Vierteljahrs-hefte für Zeitgeschichte, Nr. 3), Stuttgart 1961, S. 126.

8   Heinrich August Winkler: *Weimar 1918-1933. Die Geschichte der ersten deutschen Demokratie,* München 1993, S. 375 f.

9   Wahldienst Nr. 10 (Artikeldienst der Deutschen Zentrumspartei) vom 6. August 1930, S. 1; Bundesarchiv Berlin R 8007/2.

10 Martin Greschat: *Konfessionelle Spannungen in der Ära Adenauer,* in: Thomas Sauer (Hrsg.): *Katholiken und Protestanten in den Aufbaujahren der Bundesrepublik,* Stuttgart 2000, S. 19-34, hier S. 32.

11 Art. *Ein Arbeiter in der deutschen Diaspora (Aus dem Lebensbild Julius Axenfelds),* in: *Diaspora-Blätter,* Nr. 13/14 (1898), 1./2. Heft, S. 20.

12 Johannes Burkhardt: *Reformations- und Lutherfeiern,* in: Dieter Düding/ Peter Friedemann/Paul Münch: *Öffentliche Festkultur,* Hamburg 1988, S. 212-236, hier S. 222.

13 Karl Sallmann: *Luthers angeblicher Selbstmord, nach P. Majunkes Ge-schichtslüge,* Kassel 1890, S. 5.

14 Stefan Zweig: *Maria Stuart,* Frankfurt/Main 1997, S. 77.

15 Horst Kohl: *Berlichingen und Bismarck. Wie ein kathol. Priester den ersten deutschen Reichskanzler zum Eideshelfer einer Geschichtslüge zu machen suchte* (Flugschriften des Evangelischen Bundes, Bd. 216), Leipzig 1903, S. 1.

16 [Paul Majunke:] *Geschichtslügen. Eine Widerlegung landläufiger Entstel-lungen auf dem Gebiete der Geschichte mit besonderer Berücksichtigung der Kirchengeschichte. Aufs Neue bearbeitet von Freunden der Wahrheit,* 12. und 13. Auflage Paderborn 1895.

17 Helmut Neubach: Art. *Majunke,* in: *Neue Deutsche Biographie,* 15. Bd., Berlin 1987, S. 719 f.

18 W. L. Hertslet: *Der Treppenwitz in der Weltgeschichte,* Paderborn ³1886. Der Autor hatte es sich zum Ziel gesetzt, eine Auswahl Sagen, Fabeln und Erfindungen zu präsentieren, die die Geschichtserzählungen schon immer geprägt haben. Dahinter verbarg sich die Vorstellung, dass viele der landläu-figen historischen Vorstellungen schlicht gelogen sind: „Eben das, was sich am leichtesten dem Gedächtnis einprägt, ist fast immer Schwindel, gut

erfundene Reklame, die zur Motivierung eines brauchbaren Stichworts dienen muß und dient" (S. 2).

19 Majunke, *Geschichtslügen*, S. XIII.

20 Zit. nach: Ebd., S. III-VI.

21 Ebd., S. VII.

22 „Die durch geraume Zeit verbreitete Geschichtslüge, daß Galilei gefoltert worden sei und daß er, nachdem er feierlich abgeschworen, mit dem Fuße auf die Erde gestampft und gerufen habe 'Eppur si muove!' ['Und doch dreht sie sich!'], wird heute von keinem ernsthaften Historiker mehr aufrecht erhalten." Ebd., S. 276.

23 „Über 200 Jahre hindurch hat man in Wort und Bild Tilly für die Zerstörung Magdeburgs verantwortlich gemacht; jetzt wird aber auch schon von protestantischer Seite der Akt als ein beabsichtigtes Werk der eigenen Bürger der Stadt oder der Schweden angesehen." Ebd., S. 286.

24 Ebd., S. 176 f.

25 Ebd., S. 384-405.

26 Ebd., S. 386 f.

27 Ebd., S. 401.

28 Joseph Burg: *Protestantische Geschichtslügen. Ein Nachschlagebuch*, I. Band: *Historischer Teil*, Essen [10]1909, S. 112.

29 Ebd., S. 113 f.

30 J. A. Kleis: *Luthers „heiliges" Leben und „heiliger" Tod*, Mainz 1896.

31 Paul Majunke: *Luthers Lebensende. Eine historische Untersuchung*, Mainz [5]1891.

32 Majunke, *Geschichtslügen*, S. 190.

33 Kohl, *Berlichingen und Bismarck*, S. 2.

34 Sallmann, *Selbstmord*, S. 5.

35 Otto Pflanze: *Bismarck. Der Reichskanzler*, München 1998, S. 657.

36 Vgl. zum Phänomen der Fälschung Abschnitt 4 im Aufsatz von Arnd Hoffmann in diesem Band.

37 Kohl, *Berlichingen und Bismarck*, S. 7.

38 Ebd., S. 8.

39 *Sten. Protokolle des Deutschen Reichstags*, 5. Legislaturperiode (1881-1884), 4. Session 1884, 23. Sitzung vom 9. Mai 1884, S. 501. Sämtliche Protokolle des Reichstags zwischen 1867 (Reichstag der norddeutschen Länder, ab 1868 des deutschen Zollparlaments und schließlich ab 1871 des Reichstags) sind im Zuge einer verdienstvollen Digitalisierungskampagne der DFG im

Internet zugänglich unter der Andresse: http://mdz.bib-bvb.de:80/digbib/ reichstag/.

40 Kohl, *Berlichingen und Bismarck*, S. 18.

41 Die katholische Kirche verurteilte das Duell als unchristlich und unmoralisch. Vgl. zum Duell: Ute Frevert: *Ehrenmänner. Das Duell in der bürgerlichen Gesellschaft*, München 1995.

42 Majunke, *Geschichtslügen*, S. 1.

43 Ebd., S. 2.

44 Ebd., S. 2.

45 M. Koehler, Art. Geschichtslügen, in: *Die Religion in Geschichte und Gegenwart*, 2. Bd., Tübingen ²1928, Sp. 1110-1112.

46 Die im Versailler Vertrag festgelegte und während der gesamten Weimarer Republik heftig umstrittene Festlegung der alleinigen deutschen Schuld am Ersten Weltkrieg. Aus der Abwehr dieses Vorwurfs, so urteilt Heinrich August Winkler (*Weimar*, S. 98), erwuchs binnen kurzem die deutsche Kriegsunschuldslegende: „Sie trug kaum weniger als ihre Zwillingsschwester, die Dolchstoßlegende, dazu bei, jenes nationalistische Klima zu erzeugen, in dem sich das politische Leben der Weimarer Republik entwickelte."

47 Adolf Höllerl: *Preußische und Bayerische Geschichtslügen. Widerlegt von mehreren Katholiken*, Paderborn 1898, S. 3.

48 Kohl, *Berlichingen und Bismarck*, S. 2.

49 Ebd., S. 3.

50 Sallmann, *Selbstmord*, S. 6.

51 Majunke, *Geschichtslügen*, S. VIII.

52 Burg, *Protestantische Geschichtslügen* I, S. 1 f.

53 Ebd., S. IV.

54 Joseph Burg: *Protestantische Geschichtslügen. Ein Nachschlagebuch*, II. Band: *Dogmatischer Theil*, Essen 1902, S. IV.

55 Majunke, *Geschichtslügen*, S. 5.

56 Jakob Beyhl: *Ultramontane Geschichtslügen. Ein Wort der Abwehr und Aufklärung gegenüber den Angriffen des Jesuiten von Berlichingen auf Luther und die Reformation*, München ²1903, S. 43.

57 Höllerl, *Geschichtslügen*, S. 4.

Diethard Sawicki

Lügenkaiser Karl der Große?
Ein kritischer Blick auf Heribert Illigs These
vom erfundenen Mittelalter

> Niemand ist in seinen Berechnungen so ge-
> nau wie die Wilden, die Bauern und die Pro-
> vinzler; wenn sie vom Gedanken zur Wirk-
> lichkeit kommen, ist daher alles schon fertig.
> *Balzac*

1. Schrecken des Anachronismus

„Historische Chronologie ist vielleicht noch bei Dichtern, nicht mehr
bei Gelehrten gefragt", konstatierte der Mediävist Arno Borst 1990 in
seinem wissenschaftlichen Essay *Computus*, der sich mit der Geschichte
der europäischen Zeitrechnungen seit der Antike befasst. Als Beleg für
seine Behauptung führt Borst unter anderem an, die Historikerzunft
ignoriere hartnäckig den bereits 1968 formulierten Vorschlag, endlich
mit Hilfe des Computers eine Synopse antiker und mittelalterlicher
Zeitrechnungen zu erstellen.[1] Gründliche Kenntnisse über historische
Chronologie dürften heute in der Tat nur bei sehr wenigen Geschichts-
wissenschaftlern vorhanden sein. Handelt es sich doch um eine jener
historischen Teildisziplinen, denen wie Genealogie, Heraldik oder
Sphragistik der Ruch anhaftet, sie seien nichts als Erbsenzählerei auf
hohem Niveau und dürften daher getrost pensionierten Studienräten
überlassen werden. Für die Zeitgeschichte mögen detaillierte Kenntnisse
des Kalenderwesens in der Tat entbehrlich sein. Doch schon der Historiker der frühen Neuzeit kann nicht einmal mehr ungeprüft vorausset-
zen, dass der 1. Januar stets als Beginn eines neuen Jahres galt (In Eng-
land beispielsweise fiel der offizielle Jahresanfang bis 1752 auf den

25. März). Für das Mittelalter mit seinem Geflecht aus unterschiedlichen Zeitrechnungssystemen (Herrscherjahre, Kirchenjahr gemäß dem Osterfest, Julianischer Kalender usw.) erforderte die Erstellung einer gesicherten Chronologie gar jahrzehntelange wissenschaftliche Mühen, denen sich Historiker des 19. Jahrhunderts willig unterzogen. Der Ertrag ihres Schaffens steht mittlerweile jedem Studenten in Grotefends *Taschenbuch der Zeitrechnung* bequem zur Verfügung, so dass es scheint, als sei die Chronologie des Abendlands gesichert genug, um als objektiver Maßstab und stützendes Skelett jeder historischen Erzählung zu dienen.[2] Wie kann es da verwundern, wenn sich die Vertreter der Zunft mehrheitlich anderen, größeren Fragen zuwandten?

Als die Wellen, die die philosophische Postmoderne schlug, auch die Geschichtswissenschaft in träge Wallung versetzten, war dies keine günstige Zeit, um über objektivistische Obsessionen wie Chronologie nachzudenken. Statt dessen wurde unter Rückgriff auf die Arbeiten Hayden Whites über die Fiktionalität und Literarität historischen Schreibens debattiert, und noch immer schwelt die Debatte, inwiefern überhaupt eine Erkenntnis vergangener Wirklichkeit möglich sei.[3] Nichts hätte bei diesem Diskussionsstand unzeitgemäßer und irritierender wirken können als ein Kritiker, der von einem radikal objektivistischen Standpunkt aus argumentiert und behauptet, er sei einer Fälschungsaktion gigantischen Ausmaßes auf die Spur gekommen: Die historische Chronologie und das von ihr geprägte Bild der europäischen Geschichte müssten einer grundlegenden Revision unterzogen werden.

2. Doktor Illig kuriert die Chronologie

Marktgerecht zum anstehenden Jahrtausendwechsel erschien 1996 im Düsseldorfer Econ-Verlag ein Werk des geschichtswissenschaftlichen Autodidakten Dr. Heribert Illig aus dem bayerischen Gräfelfing. Der Titel des Buches behauptet, darin werde *die größte Zeitfälschung der Geschichte* enthüllt. Diese Fälschung beziehe sich in erster Linie auf Person und Epoche Karls des Großen, umfasse aber insgesamt einen Zeitraum von rund 300 Jahren. In jüngst präzisierter Formulierung lautet Illigs These: „Das frühe Mittelalter ist zum größten Teil eine Erfindung des eigentlichen Mittelalters; die Zeit von 614 bis 911 ist ein fiktiver Zeitabschnitt, eine Phantomzeit!"[4] Mittelalterliche Fälscher hätten sämtliche angeblich aus jener Zeit stammenden Schriftquellen fabriziert. Das weitgehende Fehlen frühmittelalterlicher Bauten und Bodenfunde beweise, dass jene Jahrhunderte schlicht zusammengefälscht – volkstümlich gesagt: erstunken und erlogen – seien. Die Chronologie, nach der wir die Jahre zählen, wäre demnach fehlerhaft, so dass die Menschheit nach christlicher Zeitrechnung eigentlich erst an der Schwelle zum 18. Jahrhundert lebt. Das 18. Jahrhundert alter Rechnung bliebe uns demnach so fern wie immer, aber der berühmte Frankenherrscher und seine Epoche hätten nie existiert.

Illig hatte seine Theorie zuvor schon in mehreren Publikationen seines programmatisch *Mantis* („Seher") genannten Kleinverlags vorgelegt und bereits 1988 für seine Mitstreiter das Bulletin *Zeitensprünge* gegründet. Eine der frühesten überregionalen Rezensionen der Darlegung seiner Karlsthese bildete ein Artikel in der *Tageszeitung* vom 11. September 1995.[5] Nach Erscheinen des Econ-Bandes folgten Beiträge in anderen Blättern sowie Rundfunk- und Fernsehsendungen. Mediävisten wurden um Stellungnahmen gebeten. Die These vom erfundenen Mittelalter avancierte zum Medienthema und erfreut sich seitdem einer mäßigen, aber stetigen Aufmerksamkeit.[6] Was die Debatte um die Thesen Heribert Illigs von anderen effektvollen Auseinandersetzungen unterscheidet, mit denen Talkshows und Magazine ihre Sendezeit füllen, ist die vehemente Reaktion der deutschen Mediävisten, die durch dieses Medienecho auf den Plan gerufen wurden.[7] Denn Illig erhebt den Anspruch, seine Theorie sei wissenschaftlich, und er richtet die ganze Schärfe seiner Kritik gegen die zünftigen Historiker.

Eine nähere Betrachtung der Diskussion um die augenscheinlich abstruse These, das frühe Mittelalter habe nie stattgefunden, lohnt nicht nur wegen ihrer Präsenz in Öffentlichkeit und Fachwelt. Vielmehr ist Illigs Fälschungstheorie kein Einzelfall, sondern nur die bislang jüngste Variante einer bis in die frühe Neuzeit zurückreichenden Denkfigur der Totalfälschung. Auf den folgenden Seiten soll diesen historischen Vorläufern nachgespürt und der noch zu wenig beachtete weltanschauliche Hintergrund der Thesen Illigs dargestellt werden. Es folgt eine Untersuchung der stillschweigenden Voraussetzungen und Argumentationsmuster des Gräfelfinger Privatgelehrten. Durch Anwendung des theoretischen und methodischen Instrumentariums der von ihm attackierten Geschichtswissenschaft wird schließlich sichtbar, auf welcher Ebene die spektakuläre These vom erfundenen Mittelalter wirksam angreifbar ist. Für eine Historiographie, die jenseits reiner Polemik kritisch in die Öffentlichkeit wirken will, ist solches Wissen unverzichtbar. Es geht daher nicht darum, einen unliebsamen Außenseiter zu demontieren, sondern um eine produktive Auseinandersetzung, an deren Ende weiterführende theoretische Erkenntnisse stehen sollen. Wenn Anthony Grafton behauptet, die verschlungenen Auseinandersetzungen zwischen Fälschern und ihren Kritikern hätten Wichtiges zur Ausdifferenzierung der historischen und philologischen Forschung beigetragen, mag dies in gewissem Maße auch für die Fälschungs*theoretiker* und ihre Kritiker gelten.[8] Nicht die – fast schon zu oft erzählte – Geschichte einer Fälschung steht also im Mittelpunkt, sondern die Geschichte des Fälschungsvorwurfs, seine Implikationen und unausgesprochenen Voraussetzungen. Indem diese offengelegt werden, führt die Darstellung in die Tiefe geschichtstheoretischen Denkens und Argumentierens.

3. Außenseitertum als fixe Idee

Die Beharrlichkeit, mit der Illig seine Fälschungsthese vertritt, wird maßgeblich durch sein Selbstbild eines wissenschaftlichen Außenseiters bedingt, der den betriebsblinden Spezialisten der Zunfthistorie an Erkenntniskraft überlegen sei. Der „Außenseiter" ist in Illigs Texten der positive Typus des Forschers, dem eine durchgängig negativ gekennzeichnete akademische Welt gegenübergestellt wird: Die „Orthodoxie" reagiere auf die grundstürzenden, aber unbequemen Erkenntnisse von Außenseitern, indem sie deren Werke ignoriere, im Giftschrank verwahre oder lächerlich mache. Fachwissenschaftler neigten zu Prestigedenken, kämpften um Publicity und Forschungsgelder und hätten ganz generell Berührungsängste gegenüber unbedarften Außenseitern. Solcher Gelehrtengeist zeitige „Kümmerfrüchte" und schaffe eine Diskussionskultur, in der ehrabschneidend und mit Vorwürfen unter der Gürtellinie verfahren werde.[9] Auf dem für Illigs Forschungen zentralen Gebiet der Diplomatik hätten die Fachwissenschaftler gleich einer Clique dafür gesorgt, dass ein Außenseiter niemals reüssieren könne, „bekommt er doch niemals eine Originalurkunde in seine Hände, was obendrein noch gegen ihn ausgelegt wird".[10]

Über die Ursachen dieser Fixierung auf das Feindbild einer abgeriegelten Spezialistenszene darf spekuliert werden: Waren es eigene Erfahrungen des Scheiterns im akademischen Betrieb? Illig, der mit einer bio-bibliographischen Arbeit über den Schriftsteller Egon Friedell promovierte, veröffentlichte 1993 in seinem Kleinverlag ein Pamphlet gegen einen ihm persönlich bekannten Friedell-Forscher. Der bezeichnende Titel der Schrift lautet: *Karriere ist Armut an Ideen.*[11] Vielleicht hatte sich Illig aber schon viel früher mit der Rolle des Außenseiters angefreundet. Bereits 1985 verlieh er diesen Ehrentitel zwei von ihm hochgeschätzten Personen, die für ihn Vorbildcharakter zu besitzen scheinen: Egon Friedell und Immanuel Velikovsky (1895 – 1979), einem russisch-jüdischen Psychoanalytiker, dessen kosmische Theorien auf einem ähnlich psychedelischen Erregungsniveau anzusiedeln sind wie das Spätwerk von Wilhelm Reich.[12] Die obsessive Beschäftigung mit Problemen der Chronologie kennzeichnet auch Velikovskys Veröffentlichungen. Illig bezeichnete sich zumindest zeitweise als Anhänger von dessen Thesen.[13] Mit seiner Behauptung, eine ganze historische Epoche sei systematisch erfälscht worden, steht Illig allerdings in der Tradition anderer Autoren.

4. „Nichts Neues unter der Sonne ..." (Kohelet 1, 9)

Die Suche nach dem ideengeschichtlichen Kontext von Illigs Fälschungsthese fördert eine Rezeptionslinie zutage, die bis ins ausgehende 17. Jahrhundert zurückreicht: Heribert Illig verweist auf Schriften des Autodidakten Wilhelm Kammeier (1889-1959), der in den dreißiger Jahren *Die Fälschung der deutschen Geschichte* aufgedeckt zu haben behauptete. Daneben findet sich ein kurzer Hinweis auf den gelehrten französischen Jesuiten Jean Hardouin (1646-1729), den Illig möglicherweise ohne eigene Recherchen von Kammeier übernommen hat.[14] Kammeier selbst wiederum nennt als Vordenker neben Hardouin den Düsseldorfer Juristen Peter Franz Joseph Müller, der 1814 unter dem Titel *Meine Ansicht der*

Geschichte seine Enthüllung einer epochalen Fälschungsaktion veröffentlichte.[15] Müller wiederum ließ sich von den Theorien Hardouins inspirieren.[16] – Was aber behaupteten diese Verfasser und wie ist Illig in dieser Reihe von Fälschungstheoretikern zu verorten?

Jean Hardouins Studien entstanden unter dem Einfluss der als *Querelle des Anciens et des Modernes* bekannten Debatte über die Frage, ob die antiken Autoren oder die Werke der zeitgenössischen französischen Schriftsteller als absolut mustergültig einzustufen seien. Weltanschaulicher Bezugspunkt Hardouins war sein erbitterter Kampf gegen den Protestantismus und die katholische Reformbewegung des Jansenismus. Im Rahmen seiner theologischen Arbeiten und seiner Studien für eine verlässliche Chronologie der Weltgeschichte – man rechnete noch immer mit einem Erdalter von etwa 6.000 Jahren, das sich aus der Bibel erschließen ließ – entwickelte er die These, nahezu die gesamte antike Literatur sei gefälscht. Bis auf die Werke Ciceros, Plinius', die Georgica des Vergil, die Satiren und Episteln des Horaz und einige weitere Fragmente sei der Korpus antiker Texte einschließlich aller Werke der Kirchenväter im 13. Jahrhundert durch eine Verschwörergruppe atheistischer Mönche gefälscht worden. Außer der Vulgata, dem für die katholische Kirche seit dem Konzil von Trient einzig verbindlichen Bibeltext, seien alle anderen Übersetzungen der Heiligen Schrift ebenso wie die hebräischen und griechischen Urtexte in Wirklichkeit ver- oder gefälscht. Das Wort Gottes wurde also laut Hardouin in *Latein* diktiert. Der Pariser Jesuit war überzeugt, durch diese Erkenntnis dem Jansenismus einen schweren Schlag versetzt zu haben: Da die Jansenisten ihre Reformbestrebungen unter anderem durch Rückgriff auf die autoritativen Werke der antiken Kirchenväter rechtfertigten, konnte er ihnen vorwerfen, ihre Kritik an der Kirche stütze sich auf die Fälschungen von Atheisten.[17]

Peter Franz Joseph Müller, Vizepräsident des Düsseldorfer Tribunals der ersten Instanz, stand unter dem Eindruck der napoleonischen Kriege, als er kurz vor dem Wiener Kongress seine Fälschungstheorie veröffentlichte. Müller, der mit dem Freiherrn vom Stein in Verbindung stand und ihm sein Werk widmete, behauptete, in Europa habe anfänglich nur ein homogenes Urvolk mit einer einheitlichen Ursprache gelebt.[18] Dieses Urvolk sei das deutsche gewesen. An seiner Spitze habe ein Kaiser gestanden, der über das in „Östreich" und „Westreich" geteilte Gesamtreich herrschte. Nachdem Abtrünnige begonnen hätten, Teilreiche zu gründen, seien Krieg und Zwietracht in die Geschichte eingezogen und hätten den Zerfall des Reichs eingeleitet. Dies sei etwa zur Zeit Heinrichs des Löwen geschehen. Die Konflikte zwischen Kaisern und Päpsten und der Niedergang der kaiserlichen Macht ab dem Mittelalter seien Konsequenzen dieser unseligen Umwälzungen.

Als die Abtrünnigen dem Urvolk die Herrschaft über Rom entrissen, habe es alle Staatsurkunden verloren. Während die listigen Sieger darüber zunehmend an Selbstvertrauen gewannen, hätten es immer neue Kriege im Laufe der Zeit unmöglich gemacht, die Wahrheit über die Vergangenheit zu erfahren. In einer großen Fälschungsaktion, die von jenen abtrünnigen Teilen des Urreichs ausging, die dem modernen Frankreich und dem Patrimonium Petri entsprachen, sei die Geschichte zu Gunsten Frankreichs gefälscht worden: Insbesondere die römische Geschichte und Literatur sowie weite Teile der mittelalterlichen Geschichte müssten als Fälschungen angesehen werden. Ein weiteres Ziel der Fälschungsaktion sei es gewesen, noch vorhandene Erinnerungsbruchstücke an das alte Urreich der Deutschen durch neue Deutungen zu überlagern. So sei die Geschichte des spätantiken west- und oströmischen Reichs erfunden worden, um die fragmentarische Erinnerung an das alte „Östreich" und „Westreich" in eine gefälschte Vergangenheit einzupassen. Auch die aus Darstellungen über die Völkerwanderung bekannten germanischen Völker seien Erfindungen der Fälscher. Insbesondere die Berichte von der Eroberung Roms durch die Gallier und die Gestalt Karls des Großen, der die französische Monarchie mit dem römischen Kaisertum vereinigt haben soll, belegten durch ihre Tendenz, dass es sich um Erfindungen zugunsten Frankreichs handele. Die Niederlage Deutschlands in den Kriegen gegen Napoleon sei laut Müller auch deshalb erfolgt, weil die Deutschen ihre wirkliche Geschichte nicht gekannt hätten, während Bonaparte die Wahrheit bewusst gewesen sei. Er habe vor seinem Ägypten-Feldzug beim Besuch eines antiken Orakels – der Sibyllinischen Grotte im italienischen Cumae – die tatsächliche Geschichte Europas erfahren. Napoleons Plan sei es gewesen, die Trümmer des alten Urreichs wieder zusammenzufügen. Aber er sei wegen charakterlicher Schwächen gescheitert. Müller hoffte offenbar, der Wiener Kongress könne die verlorene Einheit des Urreichs doch noch wiederbringen.[19]

1935 trat der aus dem Kreis Stadthagen in Schaumburg-Lippe stammende Volksschullehrer Wilhelm Friedrich Ferdinand Kammeier erstmals mit seiner Ansicht an die Öffentlichkeit, die römische Kurie habe im späten Mittelalter zusammen mit den Humanisten die deutsche Geschichte in einer großen Fälschungsaktion umgeschrieben. Ganz im Sinne des Antikatholizismus der Nationalsozialisten behauptete Kammeier, die Fälscher hätten einen Kulturraub an der germanischen Rasse begangen und den kirchlichen Primat Roms zu begründen versucht. Im Gegensatz zur bisherigen Forschungsmeinung hätten nämlich vor dem späten Mittelalter überall in Europa unabhängige und im wörtlichen Sinne wahrhaft „evangelische Landeskirchen" bestanden. Rom habe sich aber die Macht über sie angemaßt und die Erinnerung an diese alten nationalen Kirchen vernichtet. Bei den mittelalterlichen Ketzern, von denen die Quellen sprechen, habe es sich in Wirklichkeit um die führenden Köpfe dieser jeweiligen Landeskirchen gehandelt.[20]

Ungeachtet der unterschiedlichen historischen Kontexte, in denen diese drei Fälschungstheorien stehen, weisen sie eine Gemeinsamkeit auf: Offenbar sind alle drei Gedankenkonstrukte an weltanschauliche Positionen religiöser oder quasireligiöser Natur gebunden, die sich den rein methodologischen Kritikverfahren des historiographischen Diskurses entziehen. Dieses metaphysische Moment ist ein essentieller Bestandteil der Fälschungstheorien von Hardouin bis Illig. Bildhaft gesprochen: Archimedes wusste, dass es eines zuverlässigen Stützpunktes jenseits der Welt bedarf, um sie aus den Angeln zu heben. Wer sich wie Heribert Illig und seine Vorgänger daran macht, gleich die gesamte Chronologie und den fachwissenschaftlichen Konsens auszuhebeln, argumentiert am leichtesten, wenn er über einen axiomatisch festgelegten Orientierungspunkt verfügt. Für Hardouin war dieser axiomatische Punkt sein unbedingter Glaube an die Lehren der katholischen Kirche. Müllers Theorie, die eine eigene Untersuchung wert wäre, beruhte auf dem mythisch unterfütterten Nationalgefühl, das sich in Deutschland während der antinapoleonischen Kriege formierte. Kammeier schließlich war Nationalsozialist und hing dem völkischen Glauben an die rassische Überlegenheit der Germanen an. Er wollte beweisen, dass Zivilisation und Kultur nicht erst durch die Römer und das Christentum zu den Germanen gekommen seien.[21] Allem Anschein nach ist Heribert Illig weder überzeugter

Katholik noch teilt er das von einem Ursprungsmythos ausgehende Geschichtsbild Müllers. Gegen die Unterstellung, er sympathisiere wie Kammeier mit nationalsozialistischem Gedankengut, hat er sich ausdrücklich verwehrt.[22] Wo aber liegt dann der Stützpunkt, den Illig braucht, um seinen Hebel anzusetzen?

5. Die Hinterweltler

Heribert Illigs Interesse an Fragen der Chronologie steht im Zusammenhang mit seiner Zugehörigkeit zur Gemeinde der Exegeten Immanuel Velikovskys. Obwohl Velikovskys Theorien zur antiken Chronologie in Illigs Büchern über das erfundene Mittelalter nur am Rande erwähnt werden, führen sie ins Zentrum der Weltanschauung Illigs. Ohne das Bekehrungserlebnis, das ihm die Lektüre der Schriften Velikovskys bescherte, hätte Illig wohl nicht erkannt, dass die Chronologie das Wundermittel ist, durch das es gelingt, die Erde zu retten und ihm selbst wissenschaftlichen Ruhm zu verschaffen.[23] Was ist das für eine Lehre, die solch wundersame Macht besitzt?

Im Zentrum des Denkens Velikovskys steht die Vorstellung, Natur- und Menschheitsgeschichte würden nicht durch eine langsame Evolution im Sinne Darwins bestimmt, sondern durch kosmische Katastrophen in Sprüngen vorangetrieben. Mit seinen ab 1945 ausgearbeiteten Theorien forderte Velikovsky gleich eine ganze Phalanx von Wissenschaften heraus: Die Althistoriker arbeiteten mit einer falschen Chronologie, die Biologen argumentierten auf Grundlage eines unangemessen harmonistischen Evolutionsgedankens, die Physiker verstünden nicht, dass die Gravitation sich auf elektromagnetische Phänomene zurückführen lasse, und die Astronomen folgten ähnlich wie die Biologen einem Harmoniedenken, das Häufigkeit und Folgenschwere kosmischer Katastrophen unterschätze. Die Psychologen schließlich hätten bislang nicht erkannt, dass die Menschheit durch die Beinahekollision der Erde mit einem anderen Himmelskörper kollektiv traumatisiert sei und die Erinnerung daran verdrängt habe. Unter anderem verhindere eine fehlerhafte Chronologie die Synchronisierung der aus vielen alten Kulturen überlieferten Berichte über Heimsuchungen und Katastrophen säkularen Ausmaßes.

Den wirklichen Ablauf der Weltgeschichte und seine Konsequenzen für
die Zukunft der Menschheit nach Velikovsky umreißt Heribert Illig mit
eigenen Worten wie folgt:

In ältesten Zeiten steht die Erde in dunkler Beziehung zum Himmelsherrscher
Saturn=Kronos, der die Sintflut verursacht. Dann [...] übernimmt Jupiter das
Szepter am Himmel; aus ihm löst sich - kopfgeboren - Venus und bedroht,
zunächst in Kometengestalt, die Erde. Im Abstand von 52 Jahren kommt es zu
zwei Katastrophen - die Zeit des Exodus in Ägypten. Venus wie Erde werden aus
ihren Bahnen geworfen und kommen sich in den nächsten Jahrhunderten immer wieder in die Quere. Nach 700 Jahren kollidieren jedoch nicht Venus und
Erde, sondern Venus und Mars - der Götterkampf der Ilias. Im 8. Jh. beherrscht
Mars den Himmel und bedroht die Erde alle 14 bis 16 Jahre. 687 kollidiert er
mit der Erde. Erst jetzt finden die letzten Planeten ihre heutigen Umlaufbahnen,
und himmlischer Frieden kehrt ein. Doch die Erinnerung an den drohenden
Einsturz des Himmels, an den panischen Schrecken hält sich, teils verdrängt,
teils in verschiedenen Überlieferungssträngen wie etwa den Apokalypsen bis heute.
[...] Velikovsky malte sich aus, was in Menschen vorgehen mußte, die ohnmächtig jenen wahnwitzigen Himmelskämpfen ausgeliefert gewesen waren. Und so
stellte er schon 1950 die Frage, inwieweit die schrecklichen Erlebnisse dieser Welt-
katastrophen zu einem Bestandteil der menschlichen Seele geworden sind, und
was davon vielleicht in unseren Vorstellungen, in unseren Gefühlen und in un-
serem Benehmen, von den unbewußten und unterbewußten Schichten der Seele
eingegeben, zum Ausdruck kommt.'
    Er schloß auf eine **kollektive Amnesie**, also auf allgemeinen Gedächtnisverlust,
der aber, wie das dem Verdrängten eigen ist, immer wieder ‚nach oben' kommt
und zwanghaft nacherlebt werden muß. [...] Wenn diese Amnesie nicht überwunden wird, läuft die Menschheit Gefahr, sich in zwanghafter Wiederholung die
längst erlebte Katastrophe ein letztes Mal selbst zuzufügen: Globaler Atomkrieg
als ‚Armageddon'.[24]

Hinsichtlich der psychoanalytischen Komponente der Theorie
Velikovskys scheint Illig gewisse Vorsicht walten zu lassen, doch die Idee
globaler Katastrophen hat er übernommen. 1992 forderte er das Anlau-
fen eines „Apollo-Abwehr-Programms" gegen „extraterrestrisches Bom-
bardement" durch Meteoriten und andere Objekte. Zudem entzöge solch
eine gemeinsame Anstrengung den „sinnlosen Rüstungsanstrengungen
Geld und könnte allen ein gemeinsames Feindbild vermitteln, das nicht
gegen andere Menschen gerichtet ist".[25]
    Vor dem Hintergrund des beginnenden Kalten Krieges und der nach
Hiroshima möglich erscheinenden Auslöschung der Menschheit durch

Atomwaffen lässt sich Velikovskys aberwitzige Theorie als eine extreme
Variante des Umgangs mit den Schrecken des Weltkriegs und der Angst
vor einem nuklearen Schlagabtausch lesen. Ungeachtet ihres ganz
offensichtlich in einem zeitgebundenen Erfahrungshorizont aufgehobe-
nen Charakters existiert bis heute eine Gemeinde von Velikovskyanern,
die ganz und gar nicht zu bemerken scheinen, dass dessen kosmisches
Szenario einen würdigen Platz neben alten Science-Fiction-Filmen der
Kategorien B und C einnehmen könnte. Statt dessen hat Velikovskys
Katastrophismus für sie die Qualität einer „verkappten Religion" gewon-
nen. Der Publizist Carl Christian Bry hat diesen Begriff in den zwanziger
Jahren geprägt, um einen grundlegenden Wesenszug der in der Weimarer
Republik florierenden weltanschaulichen Subkultur zu beschreiben. Tat-
sächlich fügen sich Velikovskys Katastrophismus und Illigs Mittelalter-
these ohne weiteres in die Reihe der „verkappten Religionen", zu denen
Bry unter anderem zählt: Atlantis, Vegetarianismus, Shakespeare-ist-Ba-
con, Brechung der Zinsknechtschaft, Esperanto, Okkultismus. Nach Brys
Einschätzung greift es zu kurz, hier nur die Lust am Mysterium, Aber-
glauben und Vereinsmeierei am Werk zu sehen. Das Wesen verkappter
Religionen erschließe sich auf einer anderen Ebene. Da die pointierten
Reflexionen Brys über das Wesen „verkappter Religionen" auch auf einige charakteristische Züge im Denken Heribert Illigs zutreffen, lohnt es
sich, sie ausführlich zu zitieren:

Religion sagt: Der letzte Sinn deines Daseins liegt *jenseits* deines Lebens, liegt
über deinem Leben [...].
Verkappte Religion hingegen sagt: *Hinter* deinem gewöhnlichen Leben und
hinter der gewöhnlichen Welt liegt etwas bisher Verborgenes, etwas zwar seit
langem Geahntes, aber für uns nie Verwirklichtes, eine noch nie realisierte Möglichkeit, der wir beikommen können [...]. Der Anhänger der verkappten Religionen glaubt an etwas *hinter* der Welt. Man kann ihn kurzweg den Hinterweltler
nennen. [...]
Verkappte Religion sagt, daß wir in der Majorität noch nicht vollkommen
sind, weil wir in unserer Erkenntnis zurückgeblieben sind und uns sträuben,
die hinter der gewöhnlichen Welt liegende Wahrheit zu erkennen und anzuer-
kennen.
Alle verkappten Religionen sind Monomanie. In tausend Formen, die immer
wieder wechseln, stellen sie einen Gedanken in die Mitte und suchen von ihm
aus und durch ihn den Menschen zu formen. Manche verkappte Religion verfügt über ein ganz ungeheuerliches Gedankengebäude: In ihrer Mitte steht im-

mer eine Richtigkeit, meist sogar eine Wahrheit. Sie wird in ihrer ‚Wirkung' gestärkt, zugleich aber um ihre echte Wirkung gebracht, weil sie alle anderen Gedanken einschluckt. [...]
    Dem Hinterweltler schrumpft die Welt ein. Er findet in allem und jedem Ding
nur noch die Bestätigung seiner eigenen Meinung. Das Ding selbst ergreift ihn
nicht mehr. Er kann nicht mehr ergriffen werden; soweit ihn die Dinge noch
angehen, sind sie ihm nichts als Schlüssel zur Hinterwelt.[26]

Nach dem, was sich aus Illigs Publikationen zum Katastrophismus schließen lässt, übt das Werk Velikovskys mit seiner Kombination aus Astrolo-
gie, Chronologie und Erdgeschichte nicht zuletzt auf Angehörige der
technischen Intelligenz eine besondere Anziehungskraft aus.[27] Der wohl
prominenteste deutsche Katastrophist ist allerdings ein Sozialwissen-
schaftler – der in Bremen lehrende Professor Gunnar Heinsohn, ein
Mitstreiter Heribert Illigs und Leiter eines *Raphael-Lemkin-Instituts für
Xenophobie- und Genozidforschung*. Heinsohns Publikationen oszillie-
ren auf irritierende Weise zwischen akademischer Welt und weltanschaulicher Subkultur: Neben Arbeiten zu gesellschaftswissenschaftlichen Fragen, die bei renommierten deutschen Verlagen erscheinen,[28] treten Beiträge, die sich mit Versuchen zu einer Korrektur der Chronologie und
Theorien in der Nachfolge Velikovskys befassen. Sie werden in Illigs
Mantis-Verlag und in internationalen Zeitschriften der Velikovsky-Ge-
meinde veröffentlicht.[29]
    Zu den eher spektakulären Ideen, die Heinsohn vertreten hat, zählt
seine schon 1980 entwickelte Theorie über das Verschwinden der Neandertaler und die Entstehung des Cromagnon-Typus, also des Jetztzeitmenschen. Da laut Heinsohn Höhlenfunde dokumentieren, dass Neandertaler und Cromagnon-Menschen nur für relativ kurze Zeit nebeneinander lebten, postuliert er, das Verschwinden der Neandertaler und das
Auftauchen des Jetztzeitmenschen könne kein Zehntausende von Jahren
dauernder Entwicklungsprozess gewesen sein. Wahrscheinlicher sei, dass
die Neandertalerinnen ab einem bestimmten Zeitpunkt nur noch Jetztzeitmenschen zur Welt gebracht hätten. Denkbar wäre, dass dies durch
eine auf kosmische Einflüsse zurückzuführende kollektive Veränderung
des Erbguts bewirkt worden sei.[30]
    Es ist nicht die Aufgabe des vorliegenden Beitrags, Heinsohns Arbei-
ten zur Geschichte des Tötungsverbots, über den Ursprung des Privatei-

gentums oder den Antisemitismus zu beurteilen. Es stimmt aber doch nachdenklich, dass er sich an ein so sensibles Thema wie die Ursachen des Holocaust wagt und sich dabei auf die gleiche Argumentationslogik wie' im Falle seiner Neandertaler-Thesen beruft. In einer immerhin bei Rowohlt erschienenen Studie unter dem Titel *Warum Auschwitz?* behauptet Heinsohn, innerhalb von vierzehn Tagen die Antwort auf diese Frage gefunden zu haben, indem er die gleiche Methode anwandte, die ihm neben einer Reihe anderer Probleme aus dem Umfeld Chronologie und Katastrophismus auch das Rätsel des Beieinanderlebens von Neandertaler und Jetztmensch löste: „Ich wählte die Methode der parallelen Rätselkumulation. Sie besagt, dass ein Einzelrätsel leichter zu lösen ist, wenn man es mit benachbarten Rätseln gleichzeitig angeht und für alle gemeinsame Gründe sucht."[31]

Treffender wäre es allerdings, Heinsohns Ansatz als „Prinzip Star Trek" zu bezeichnen, denn in dieser amerikanischen Fernsehserie hat es bereits seit den späten sechziger Jahren Anwendung gefunden. Bekanntlich befand sich die Besatzung des Raumschiffs Enterprise regelmäßig in der prekären Situation, dass gegen Ende einer Folge nur noch wenige Minuten Sendezeit, aber gleichzeitig mindestens zwei ungelöste Probleme übrig waren. Es wäre eine lohnende Aufgabe für die Liebhaber der Serie, zu klären, wie oft in diesen scheinbar ausweglosen Situationen ein plötzlich entdeckter Zusammenhang zwischen zwei Bedrohungen zum glücklichen Ende der Folge führt. Die Geschichtswissenschaft könnte bei konsequenter Anwendung von Heinsohns Methode endlich mit wirklich schillernden Resultaten aufwarten – etwa, wenn das Verschwinden des Bernsteinzimmers, der SS-Kultraum auf der Wewelsburg und die ersten Sichtungen Fliegender Untertassen als „benachbarte Rätsel" erkannt würden, die ein bislang unentdeckter Zusammenhang verbindet. Soweit sind Heinsohn und Illig zwar noch nicht, doch immerhin hat Letzterer das Rätsel der Megalithkulturen und das Rätsel um Atlantis in einen Zusammenhang gebracht. Ein „Kampf zwischen frühen Griechen und Atlantern" ist für ihn „chronologisch vorstellbar."[32] Die innere Logik der „Rätselkumulation" gehorcht den Gesetzen der Dramaturgie, nicht denen der wissenschaftlichen Argumentation.

6. Konsequenzenmacherei

Wer Illigs Bücher einer genauen Lektüre unterzieht, um Prämissen und
Logik seiner Darstellung zu verstehen, wird sich zunächst über die Bizar-
rerien seiner kosmologischen Entwürfe amüsieren. Spätestens bei der
Beschäftigung mit seinen neueren Arbeiten über das erfundene Mittelalter dürfte die Freude am Kuriosum jedoch nach und nach einem Gefühl
aufsteigenden Zornes weichen. Statt einer stringenten Argumentation
dominieren gewagte Thesen und labyrinthische Begründungen, die sich
zum Teil widersprechen. War der Gestus seiner Werke über Prähistorie
und kosmische Katastrophen eher der des Sehers, der Kontinente und
Jahrtausende im Augenblick überschaut, gibt sich Illig in den Mittelalter-
Büchern als akribischer Historiker, der die Methoden der Quellenkritik
konsequenter und sorgfältiger anwendet als die Zunfthistoriker.[33] Der
Leser findet keine weiten Aussichten, keine straffe Argumentation, sondern wird durch ein Labyrinth stickiger Vorzimmer und gewundener
Korridore geschleust, aus dem Illig nur zwei Ausgänge kennt: den Ver-
weis auf vermeintliche Gesetzmäßigkeiten historischer Abläufe und die
Berufung auf Handlungswahrscheinlichkeiten, die er aus einer für den
Hausgebrauch entworfenen Psychologie historischer Subjekte gewinnt.

Aufgrund der Widersprüchlichkeit und terminologischen Unschärfe
seiner Darstellung ist der Leser oft genug gezwungen, sich seinen eigenen
Reim darauf zu machen, was Illig eigentlich genau meint. Allfälligen
Kritikern, die sich die Mühe gemacht haben, so etwas wie eine verbind-
liche Aussage aus Illigs Darlegungen zu destillieren, kann der Privatge-
lehrte aus Gräfelfing meist durch interpretationsfähige Selbstzitate de-
monstrieren, dass die bemängelte Aussage *so* gar nicht auftauche. Beispielsweise behauptet Illig zunächst, die Fälscher seien durch ewig
menschliche Leidenschaften wie das Streben nach Macht und Einfluss
motiviert worden, während es ein paar Seiten später heißt, die Erfindung
der dreihundert Jahre sei eine typisch mittelalterliche Fälschung in gutem
Glauben, eine *pia fraus*.[34]

Auch sieht sich der Leser mit elender *Konsequenzenmacherei* konfrontiert, um einen leider nur noch selten gebrauchten Begriff zu verwenden. *Konsequenzenmacherei* bedeutet, dass Illig aus historischen Darstellungen und Rezensionen seiner Bücher überspitzte oder schlicht falsche

Folgerungen zieht und zum Nachteil der Verfasser auslegt. Selbst Illigs Fälschungsthese, der Kern seiner Veröffentlichungen zum Mittelalter, beruht letztlich nur auf Konsequenzenmacherei. Kein seriöser Mediävist wird bestreiten, dass die Quellenlage zum frühen Mittelalter problematisch ist, handelt es sich doch um Dokumente aus einer noch kaum literarisierten Gesellschaft. Datierungen sind umstritten, archäologische Befunde im Vergleich zu anderen Epochen bislang eher knapp. Dass ein Großteil der frühmittelalterlichen Urkunden nur als Abschrift erhalten ist und immer mehr vermeintliche Originale als Fälschungen zu gelten haben, gehört zum Anfangswissen über mittelalterliche Geschichte. Die Frage nach Mentalität und Motivation der Fälscher, das Verhältnis zwischen der Fiktionalität von Quellen und der einstigen materiellen Realität hinter ihnen wird selbstverständlich diskutiert.[35] Illig zufolge zeichnet die zünftige Geschichtswissenschaft jedoch ein ganz anderes Bild von Person und Epoche Karls des Großen: Ein übermächtiger, vielseitig talentierter Monarch soll über ein blühendes Reich mit reger Bau- und Handelstätigkeit geherrscht und über ein wohlorganisiertes Heer gepanzerter Reiter verfügt haben. Karl werde zum kriegerischen Begründer des christlich-abendländischen Kulturkreises stilisiert.[36] Ein solches Karlsbild aber wird man in den aktuelleren Darstellungen zum Frühmittelalter kaum finden.[37] Es handelt sich um einen von Illig aufgebauten Popanz, der nur dazu dient, von ihm mit leichter Hand umgestoßen zu werden.

Illigs These vom zusammengefälschten Mittelalter ist zudem so konstruiert, dass sie auf der rein „fakten"bezogenen Ebene, auf der er die Historikerzunft herausfordert, nicht widerlegt werden kann. Illig fordert, dass sich für frühmittelalterliche Bauten, die in den als zeitgenössisch geltenden Quellen erwähnt werden, Bodenüberreste nachweisen lassen müssten. Wo diese Funde fehlten, müsse von einer Fälschung des betreffenden Dokuments ausgegangen werden. Wenn allerdings heute noch existierende Gebäude oder Gebäudeüberreste auf die von Illig bestrittenen Jahrhunderte datiert werden, akzeptiert er diese Angaben nicht: Bestätigende zeitgenössische Quellen sind seiner These zufolge ja Teile der gefälschten Geschichte und daher wertlos – ein klassischer Zirkelschluss. So können nur noch die Gebäude für sich selbst sprechen, und hier greift dann ein von Illig zu seiner Bequemlichkeit entdecktes „Gesetz der architektonischen Evolution". Demnach kann sich die Komplexität architektonischer Leistungen nur durch einen langsamen, über Generationen verlaufenden Lernprozess steigern. Gehen diese handwerklichen Kenntnisse verloren, müssen sie wiederum erst „über mehrere Generationen hinweg" erlernt werden.[38] Die auf etwa 800 datierte Aachener Pfalzkapelle mit ihrem mächtigen Gewölbe ist einer der wichtigsten Stützpfeiler für Illigs Karlsthese. Da das Gewölbe keine unmittelbaren Vorgänger oder Nachfolgerbauten habe, sondern ein isoliertes Phänomen in der Baugeschichte des frühen Mittelalters sei, könne es erst später, wahrscheinlich im 10. Jahrhundert, gebaut worden sein. Erst dann seien ähnliche Konstruktionen in Mitteleuropa nachzuweisen.

Wo Heribert Illig mit Antworten wie dieser aufwartet, beginnen eigentlich erst die Fragen – und zwar solche höchst diffizilen theoretischen Charakters. Inwiefern ist es überhaupt angemessen, bei Kulturphänomenen mit Konzepten evolutionär bzw. gesetzmäßig verlaufender Entwicklungen zu operieren? Und falls ja – in welchem Tempo und in Abhängigkeit von welchen Faktoren verlaufen diese postulierten Entwicklungen? Das sind genuin geschichtsphilosophische Fragen, auf die es keine verbindlichen Antworten gibt, sondern die immer neu verhandelt und reflektiert werden müssen. Dabei wäre es sicher fruchtbarer, nach den Spielräumen menschlichen Wollens und Handelns zu fragen, statt Kulturphänomenen die Metapher vom organischen Werden überzustülpen, durch die nur die Illusion einer Erklärung geschaffen wird.[39]

Schlecht ist es auch um die Anthropologie bestellt, die Heribert Illig seiner Darstellung zugrunde legt. Dass die Geschichte der Mentalitäten seit Jahrzehnten versucht, den epochentypischen bewussten und unbewussten Leitlinien menschlichen Denkens und Handelns näherzukommen, scheint ihn nicht zu interessieren.[40] Statt dessen verweist Illig häufig pauschal auf Emotionen und Begierden als anthropologische Konstanten, die historische Subjekte zum Handeln motivieren - bekanntlich die schwächste und erkenntnisärmste Form historischen „Argumentierens". Als charakteristische Beispiele sind zu nennen: „So gesehen, können wir bei der Suche nach einem Motiv von den Beweggründen ausgehen, die heute wie früher die Gemüter der Menschen bewegt haben: Macht und Einfluss, Hass und Liebe, Neugier und fundamentalistische Absichten." Oder: „Bemerkte man die Lücke [in einer falschen Zeitrechnung, DS], dann wurde sie - auch hier herrschte die Angst vor dem

Vakuum – mit Geschichtsschreibung ausgefüllt." Ähnlich: „Hierzulande
wurde von Ost- und Westchristen genauso wie von den Juden [...] versucht, eine durchgehende Weltgeschichte seit der Schöpfung zu entwer-
fen, hier war das Bedürfnis am größten, Gott und Welt aufs engste
miteinander zu verknüpfen."[41] So kann man heute nicht mehr Geschichte schreiben, ist doch auch in der Zunft mittlerweile Foucaults Einsicht
geläufig, dass das vermeintlich allgemein Menschliche ebenfalls histori-
schem Wandel unterworfen ist:

Der historische Sinn [...] führt alles wieder dem Werden zu, was man am Menschen für unsterblich gehalten hatte. Wir glauben an die Unvergänglichkeit der
Gefühle? Sie alle und insbesondere jene, die uns die vornehmsten und interesse-
losesten zu sein scheinen, haben eine Geschichte. Wir glauben an die dumpfe
Beständigkeit der Instinkte, wir stellen uns vor, daß sie allemal am Werk sind,
hier und dort, heute und gestern. Aber dem historischen Wissen fällt es leicht,
sie in Stücke zu zerlegen, ihre Metamorphosen und ihre wechselnden Schicksale
aufzuzeigen.[42]

Die haltlosen psychologischen Spekulationen Illigs resultieren nicht zuletzt aus seiner vorsätzlichen Missachtung der traditionellen Forschungs-
und Darstellungsmethoden sowie des aktuellen Reflexionsstands der von
ihm wenig geschätzten Geschichtswissenschaft. Auch der Umstürzler und
Rebell der Wissenschaften muss sich zuerst diese Praktiken aneignen, die
Regeln des fachspezifischen Diskurses assimilieren, um überhaupt am
Kommunikationsprozess ‚Wissenschaft' teilnehmen zu können.[43] Dass in
der akademischen Welt stets subtile Mechanismen der Macht am Werk
sind, die auf Einbeziehung oder Ausgrenzung von Sprechern abzielen,
liegt dabei auf der Hand: Wer Anerkennung will, muss nach ihren Regeln
spielen und die als Merkmal von Professionalität geltenden Standards
erfüllen. Das ist das Wesen des akademischen Zunftzwangs, gleichgültig,
ob man dies begrüßt oder ablehnt. Illig, der sich in seiner Rolle des
Außenseiters gegen die Zunfthistoriker stellt, beschäftigt sich zwar durchaus mit der neueren Fachliteratur, doch nie, um das Spiel der wissenschaftlichen Debatte zu beginnen. Eine von deren Grundregeln aber ist
es, Redlichkeit und Intellekt des Gegners zunächst nicht in Zweifel zu
ziehen und im Falle harter Auseinandersetzungen den persönlichen Angriff möglichst elegant in eine scheinbar sachbezogene Kritik zu hüllen.
Wenn Historiker beispielsweise über Urkundenfälschungen und die Hy-

pothese einer „Karlslüge" diskutieren, greift Illig diese herrliche Vorlage nicht auf, sondern wittert nur ein abgekartetes Spiel, um „dem unliebsamen Herausforderer zumindest die Priorität seiner Idee abzusprechen".[44]

In der Feindschaft gegen die Zunfthistoriker ist die wichtigste Gemeinsamkeit zwischen Heribert Illig und Wilhelm Kammeier zu sehen. Selbstverständlich ist Illig kein Anhänger völkischen Gedankenguts, sondern versteht sich als Humanist, vielleicht mit einem leichten Hang zum Kulturpessimismus.[45] Andererseits erscheinen der von Illig propagierte „universelle Blick des unbedarften Außenseiters" und die von Kammeier vertretene „Methode des gesunden Menschenverstandes" austauschbar.[46] Die Schelte der offiziellen Wissenschaft, der Kult des Autodidakten, die Ablehnung des Spezialistentums – all dies findet der Leser auch in den Schriften Kammeiers, dort freilich ergänzt um den Vorschlag, die Geschichtsschreibung als Wissenschaft zu liquidieren: Da die gefälschten Quellen des Mittelalters durch ihre – beabsichtigte – Widersprüchlichkeit nie zu eindeutigen Resultaten führen könnten, fordert Kammeier:

> Solange in der Geschichtswissenschaft nicht diktatorisch bestimmt wird: das und das soll von nun an für ewige Zeiten recht sein! und solange nicht das erneute Untersuchen der Quellenprobleme durch schwere Strafen untersagt wird, solange werden die Ergebnisse auftauchen und wieder dahinsterben wie die Eintagsfliegen.[47]

Illig geht es zwar nur darum, eine „zu lange Geschichte" auf ihr „richtiges Maß zu bringen", doch der Denkfehler, das Ende allen historischen Forschens sei eine einzige, richtige Geschichte, ist beiden gemeinsam.[48]

7. Die Schwundstufe einer Verschwörungstheorie

Illig kann seine Zeitfälschungsthese nicht wissenschaftlich glaubhaft machen, indem er *ad nauseam* wirkliche oder vermeintliche Fehler und Widersprüche der bestehenden Frühmittelalterforschung aufzeigt. Vielmehr müsste er eine plausible Erklärung bieten, wer wann wo und warum diese Erfindung einer Epoche ins Werk gesetzt haben soll. In seiner Publikation von 1996 blieb er diese Antwort weitgehend schuldig. Illig verwies zwar auf den Stauferkaiser Friedrich II., auf Karl V. von Frankreich und die Humanisten, doch konstatierte er letztlich:

Tatsächlich gibt es keine eindeutige Fälschungszeit, weil Karl der Fiktive zu unterschiedlichen Zeiten immer neue Konturen hinzugewonnen hat. [...]. Die Hauptstationen seiner Erfälschung sind zweifellos während der ersten drei kaiserlichen Dynastien anzusiedeln, unter Sachsen, Saliern und Staufern.[49]

Damit näherte sich Illig einer grundlegenden historischen Erkenntnis: der Bedeutung von Mythen und Herrscherbildern als handlungsleitenden und identitätsstiftenden Repräsentationen. Von der Formierung eines heroisch überhöhten Karlsmythos darauf zu schließen, dass hier „Fälscher" am Werk waren, geht an den eigentlich spannenden geschichtswissenschaftlichen Problemen vorbei. Wie schon im Falle seines Psychologisierens erweist sich Heribert Illig erneut als „Hinterweltler", dem es nur um die Bestätigung seiner eigenen Meinung geht. Mit der groben Keule umgangssprachlicher Begriffe fällt er über die Vergangenheit her und richtet sie nach seinem Gusto zu:

[D]er Skeptiker müßte heute begründen können, warum die große Karolingerzeit so klein gewesen wäre, daß sie mit so vielen schönen Erfindungen geschmückt werden mußte.[50]

In seiner letzten Buchveröffentlichung zum „erfundenen" Mittelalter präsentiert Illig nun aber doch Personen, die jene epochale Fälschungsaktion ins Werk gesetzt haben sollen. Der wahrlich schwindelerregenden Theorie zufolge habe der byzantinische Kaiser Konstantin VII. Porophyrogennetos im 10. Jahrhundert 297 erfundene Jahre in die Zeitrechnung einfügen lassen. Die uneingeweihten Zeitgenossen hätten dies kaum gemerkt, weil Konstantin den Vorgang durch eine Kalenderreform verschleierte, derzufolge die bisherige Zeitrechnung gemäß der Seleukidenära durch eine Chronologie ersetzt wurde, die sich nach den seit der Schöpfung verflossenen Jahren richtete. Eines der Hauptmotive des Kaisers sei es gewesen, den Verlust einer Reichsreliquie – des Heiligen Kreuzes von Golgatha – an die Perser zu verschleiern. Konstantin habe in die eingeschmuggelten 297 Jahre die Geschichte der Wiedergewinnung des heiligen Kreuzes und einen erneuten Verlust im Jahre 637 eingefügt. Die in ganz Europa als Reliquien verbreiteten Kreuzsplitter seien von Byzanz verteilt worden, so dass das Wissen um den zweiten Raub des Kreuzes, der ja eigentlich der erste war, die Christenheit nicht mehr in Schrecken versetzen konnte, denn das wahre Holz war ja zumindest stückweise auch in Christenhand. Als die byzantinische Prinzessin Theophanu 972

Kaiser Otto II. heiratete, habe sie die neue Datierungsweise nach Westeuropa gebracht. Kaiser Otto III. und Papst Silvester II. hätten dann diese Chronologie übernommen und auf das Jahr 1000 „feinjustiert", damit die Heilsgeschichte vollendet werde und der Beginn des Tausendjährigen Reichs in die Amtszeit dieser Würdenträger falle. Den fiktiven Zeitraum der dazugewonnenen Jahrhunderte hätten sie durch die Erfindung des „Überkaisers" Karl gefüllt.[51] Diese Erfälschung von Geschichte kann man sich laut Illig vorstellen als

zentral geleitet, alle Schreibstuben des Reichsgebietes umfassend; durch Vernichten der alten Schriften keine spätere Kontrolle über die früheren Inhalte, über Weglassen von Passagen oder ganzen Schriften; nicht zuletzt Durchführung in begrenzter Zeit.[52]

Nachdem die vermeintlichen Täter einmal namhaft gemacht sind, wird die Nähe der Thesen Illigs zum Genre der Verschwörungstheorien deutlich erkennbar. Zwar verwahrt er sich gegen diese Einschätzung mit dem Einwand, eine Verschwörung könne per Definition nie von den Machthabern eines Gemeinwesens ausgehen.[53] Damit versucht Illig jedoch nur, sich durch eine geschickte Bedeutungsverengung des Begriffs „Verschwörung" aus der Affäre zu ziehen. Tatsächlich wird „Verschwörung" ebenso für Machenschaften gegen die Machthaber eines Gemeinwesens verwendet wie auch für verschwörerische Handlungen von Machthabern selbst – die deutsche Fürstenverschwörung von 1551/52 ist Frühneuzeit-Historikern ein geläufiger Begriff. Als weiteres Beispiel wäre die im 18. Jahrhundert in Frankreich kursierende Behauptung zu nennen, Magistrate und Regierung hätten sich durch einen *pacte de famine* verschworen, die Brotpreise in die Höhe zu treiben.[54] Auch die Verschwörungstheorien, die sich im 19. Jahrhundert um das angebliche Testament Peters des Großen und vermutete russische Pläne zur Unterjochung Europas hefteten, betrafen verschwörerisches Handeln von Monarchen und Regierungen.[55]

Tatsächlich weisen Illigs Behauptungen typische Merkmale einer Verschwörungstheorie auf. Nach Dieter Groh haben Verschwörungstheorien folgende Kennzeichen:

1. Konspirationstheorien setzen voraus, dass die Intentionen handelnder Personen im Verlauf der Geschichte beinahe oder gänzlich ungestört realisiert wurden oder demnächst werden. Dazu gehört auch, dass den

Verschwörern eine Klugheit, Kompetenz und vor allem eine Solidarität zugeschrieben wird, die sie über die gewöhnlichen Menschen erhebt. 2. Der Glaube an die Realisierung bzw. Realisierungsmöglichkeit der Pläne der Verschwörer setzt den Glauben an einen linearen Zusammenhang von Handlungsintentionen und tatsächlichen Handlungsfolgen voraus. 3. Verschwörungstheorien zeichnen sich durch eine spezifische Art von Irrationalität aus, deren besonderes Merkmal die Verknüpfung historischer Tatsachen durch einen unbeweisbaren Kausalnexus darstellt. Sie können dabei logisch konsistent und mit allem ausgestattet sein, was ein wissenschaftliches Paradigma ausmacht. Die dabei angewandte Logik ist hochoperational und erzeugt ein hermetisches Gedankenkonstrukt, das für diejenigen, die der betreffenden Verschwörungstheorie nicht anhängen, die bizarre Plausibilität eines Wahngebildes besitzt: Die Details mögen logisch aufeinander bezogen sein, doch das Ganze ist monströs. Verschwörungstheorien lassen sich daher nur von außen mittels handlungs- und geschichtstheoretischer Reflexionen widerlegen. 4. Strukturelle Grundlage von Verschwörungstheorien sind manichäische Weltbilder von „kosmischer Kindlichkeit" (Erik H. Erikson), in denen die Verursacher von Verhängnissen und Fehlentwicklungen eindeutig dingfest gemacht werden können. Für ihre Anhänger vermindert eine Verschwörungstheorie dissonante Wahrnehmungen und reduziert Komplexität. So bilanziert Heribert Illig die Leistung seiner Fälschungstheorie knapp: „Die Antworten sind jetzt einfach."[56]

Ein grundlegendes Manko der Fälschungsthese Illigs ist die eklatante Unterschätzung der Komplexität und Dynamik historischer Prozesse. Der bei Illig überall ausgedrückte Glaube an einen linearen Zusammenhang von Handlungsintentionen und Folgen nach Art eines mechanischen Prinzips von Ursache und Wirkung[57] verkennt, dass der historische Prozess nur als das Resultat unzähliger dialektischer Wechselwirkungen gedacht werden kann. Dieser Sachverhalt ist für Historiker gleich welcher Couleur evident und bereits vor über 100 Jahren von Friedrich Engels so allgemeingültig formuliert worden, dass er fast zur Binsenweisheit wird:

[Es] macht sich die Geschichte so, daß das Endresultat stets aus den Konflikten vieler Einzelwillen hervorgeht, wovon jeder wieder durch eine Menge besonde-

rer Lebensbedingungen zu dem gemacht wird, was er ist; es sind also unzählige
einander durchkreuzende Kräfte, eine unendliche Gruppe von Kräfteparallelo-
grammen, daraus eine Resultante – das geschichtliche Ergebnis – hervorgeht, die
selbst wieder als das Produkt einer, als Ganzes, bewußtlos und willenlos wirken-
den Macht angesehen werden kann. Denn was jeder einzelne will, wird von jedem andern verhindert, und was herauskommt, ist etwas, das keiner gewollt hat.[58]

David Carr betont entsprechend:

Die ironische Ungleichheit zwischen den vorgestellten oder beabsichtigten und
den tatsächlichen Folgen einer Handlung ist für die Historikerin sehr wichtig.[59]

Die für Verschwörungstheorien typische Vernachlässigung der Komplexität historischer Prozesse zugunsten linearer Ursache-Wirkung-Modelle ist
einer der Punkte, in denen Heribert Illigs Mittelalterthese strukturelle
Ähnlichkeit mit den Argumentationsmustern im wohl ehedem bekanntes-
ten Buch seines Mitstreiters Heinsohn aufweist – *Die Vernichtung der
weisen Frauen.*[60] Der Titel erschien 1985, als die historische Forschung
zur frühneuzeitlichen Hexenverfolgung zunehmend an Breite gewann.
Heinsohn und sein Mitautor Otto Steiger behaupteten darin, die Hexen-
verfolgungen vor allem seit der zweiten Hälfte des 16. Jahrhunderts seien
in erster Linie durchgeführt worden, um das bei Hebammen und anderen „weisen Frauen" vorhandene Wissen um Verhütung und Abtreibungs-
methoden auszulöschen, damit die nach den Religionskriegen der Refor-
mationszeit stark in Mitleidenschaft gezogene Bevölkerung Europas zum
Nutzen der entstehenden neuzeitlichen Staaten wieder anwachsen konnte. Groh bescheinigt dieser Erklärung für das Bevölkerungswachstum in
Europa eindeutig „konspirationstheoretische Züge".[61]

Üblicherweise erklärt eine Verschwörungstheorie ein Gutteil der Miss-
stände der Gegenwart und verspricht eine grundlegende Besserung, wenn
nur die Verschwörer entdeckt und unschädlich gemacht werden können.
Idealtypisch sind in dieser Beziehung die *Protokolle der Weisen von
Zion*, denenzufolge die jüdische Weltverschwörung für alle Bedrohungen
der Moderne, seien es nun Anarchismus oder Untergrundbahnen, verantwortlich gemacht wird.[62] Heribert Illigs Thesen stellen unter diesem
Gesichtspunkt allerdings nur noch die Schwundstufe einer Verschwörungstheorie dar: Seine Zeitfälscher sind schon viele Jahrhunderte tot
und das, was sie mit ihrem Tun bezweckten, ist für die Gegenwart von
keiner weiteren Bedeutung. Illig selbst hat darauf hingewiesen, dass die

allgemeine Anerkennung seiner Theorie durch die Wissenschaft für die Lebenswelt eigentlich irrelevant wäre:

Allenfalls die historischen Wissenschaften könnten sich eine neue Ära geben, um jedes Ereignis eindeutig auf einer ununterbrochenen Zeitachse zu fixieren.

Insofern wird sich für die Allgemeinheit nichts anderes ändern, als daß schon bislang kaum bekannte ‚dunkle Jahrhunderte' zu ganz ‚zeit- und geschichtslosen' Jahrhunderten werden.[63]

An diesem Nullsummenspiel ändern auch die menschenfreundlichen Floskeln nichts, mit denen Illig seiner Theorie einen gewissen pragmatischen Nutzen zuzuschreiben versucht: Wenn Karl der Große, der Vater Europas, nie existiert habe, könnten wir uns angesichts des heute noch zersplitterten Europas mit humanen Mitteln um eine Einigung bemühen, ohne uns schämen zu müssen, noch nicht geschafft zu haben, was Karl bereits vor über 1000 Jahren brutal mit Feuer und Schwert gelungen war.[64] Letztlich zielt Illigs Fälschungsthese auf nichts anderes als ihn selbst. Es geht nicht um Karl den Großen, nicht um die Geschichte, nicht um die Zukunft, sondern darum, Heribert Illig als den Außenseiter berühmt zu machen, der durch seinen Scharfsinn die bornierten Zunfthistoriker blamiert.

8. Theorie und Imagination

Die These vom erlogenen Kaiser Karl ist ein Lehrstück über die Theoriebedürftigkeit von Geschichtswissenschaft. Illig hält es für Ehrentitel, wenn er von seinen Kritikern als Objektivist und Positivist bezeichnet wird.[65] Für ihn beziehen sich diese Begriffe auf seine Auffassung, eine wissenschaftliche Disziplin sei

keine Sekte mit Credos, sondern eine Denkrichtung, die auf immer wieder zu überprüfenden Axiomen aufbaut. Genauso sind alle jene Geschichtsmodelle und -beschreibungen immer wieder zu überprüfen, die darauf errichtet werden.[66]

Diese bis zur Unbrauchbarkeit allgemeine Darlegung seines Wissenschaftsverständnisses setzt sich aber überhaupt nicht mit den Argumentationsdefiziten auseinander, auf die sich die Vorwürfe des Objektivismus und Positivismus beziehen. Bekanntlich besagen die allgemeinsten Definitionen dieser Begriffe, ein Objektivist vertrete die Auffassung, Erkennt-

nis sei die Erfassung realer Gegenstände. Als Positivist hat derjenige zu
gelten, der allein „Tatsachen" als Grundlage wissenschaftlicher Argumentation gelten lässt, für deren Verifikation die Beweisverfahren der Natur-
wissenschaften das ideale Modell abgeben sollen. Metaphysische Erörte-
rungen werden von Positivisten als sinnlos abgelehnt.[67] Heribert Illig ist
tatsächlich Objektivist und Positivist, indem er davon ausgeht, „die
Geschichte" existiere quasi objekthaft als ein vergangenes Geschehen, das
mittels wissenschaftlicher Methoden aufgedeckt und in seiner Tatsächlichkeit erkannt werden könne. An entsprechenden Wendungen fehlt es
nicht: Der Zeitraum zwischen dem 7. und dem 9. Jahrhundert enthalte
„keine reale Geschichte", sondern „zuviel an Geschichte", die daher auf
„ihr richtiges Maß zu bringen" sei.[68]

Eine Phase ohne „reale Geschichte" aus der Zeitrechnung entfernen
wollen, kann nur jemand, der sich nicht bewusst ist, dass Geschichte erst
durch den konstruierenden Akt der historischen Erzählung entsteht. In
der Vergangenheit ist nichts als die diffuse Masse vergangenen Gesche-
hens, dessen fragmentarische Spuren der Gegenwart erhalten geblieben
sind. Geschichte entsteht erst dann, wenn jemand diese Überreste mit
gegenwartsbezogenem Interesse sichtet und mittels der Techniken der
historischen Methode in einen erzählten Zusammenhang stellt, der bestimmten Plausibilitätskriterien und Anforderungen intersubjektiver
Überprüfbarkeit genügt. Die Geschichtswissenschaft darf dabei nicht als
eine Disziplin missverstanden werden, die sich immer mehr einer aus den
Quellen wiederzugewinnenden realen Geschichte nähert. Es geht ihr
vielmehr um immer neue und andere Interpretationen vergangenen Ge-
schehens, die sich aus den veränderlichen Erkenntnisinteressen der Gegenwart herleiten. Die Quellen bewahren nicht den Schatz einer ewigen
Wahrheit, sondern besitzen lediglich ein Vetorecht gegenüber bestimmten Geschichtserzählungen. Es macht den besonderen Reiz und die besondere Schwierigkeit der Geschichtswissenschaft aus, die Spannung zwischen subjektiver, gegenwartsbezogener Erschaffung von Erzählungen
und den objektiv vorhandenen Spuren vergangenen menschlichen Handelns und Leidens zum treibenden Prinzip der Forschung zu machen.
Der Historiker möchte einerseits die Menschen der Vergangenheit verstehen, ihre fremde Welt, ihre fremden Verhaltensweisen nachvollziehen.
Gleichzeitig ist ihm aber klar, dass er ganz in der Sprache und Perspekti-

ve seiner Gegenwart aufgehoben ist und sein Versuch der Annäherung an vergangenes Leben allenfalls graduell gelingen kann.[69] Um mit diesem Spannungsverhältnis reflektiert umgehen zu können, verfügt die Geschichtswissenschaft über ihre Theorien und Methoden, doch daneben treten Empathie und Imagination des Historikers, dessen Handwerk viel mit Literatur gemeinsam hat, ohne in ihr aufzugehen.[70] Das Höchste in ihrem Fach haben Historiker erreicht, wenn sie eine nach den Maßstäben ihres Handwerks plausible Geschichte erzählen können, die uns Menschen der Gegenwart etwas sagt und dennoch dem Anderen der Vergangenheit sein Recht belässt. Michael Borgolte hat in einem kritischen Beitrag über Heribert Illig dazu einen schönen Satz formuliert:

Der Objektivist, der nur die Tatsachen sprechen lassen will, vergewaltigt sie, weil er sich selbst nicht kennt, der Subjektivist, der illusionslos zu sich selbst steht, erhält sich dagegen die Offenheit für das Fremde und Unerwartete in der Geschichte.[71]

Diese feine Dialektik, auf die Borgolte hinweist, bleibt Heribert Illig verborgen, so dass ihn sein Objektivismus nicht auf die Spur vergangener Wirklichkeit bringt, sondern nur auf die eigene Obsession zurückverweist. Theoretische und methodische Reflexionen, die in der Lage wären, diese Selbstreferentialität aufzubrechen, tauchen bei Illig nicht auf. Seine Bücher über die „Karlslüge" bleiben autistisch.

Anmerkungen

1   Arno Borst: *Computus. Zeit und Zahl in der Geschichte Europas*, Berlin 1990, S. 104.

2   Hermann Grotefend: *Taschenbuch der Zeitrechnung des deutschen Mittelalters und der Neuzeit*, Hannover [13]1991.

3   Rainer Maria Kiesow/Dieter Simon (Hg.): *Auf der Suche nach der verlorenen Wahrheit. Zum Grundlagenstreit in der Geschichtswissenschaft*, Frankfurt/M./New York 2000. Siehe auch die Bemerkungen von Arnd Hoffmann im 4. Abschnitt seines Aufsatzes im vorliegenden Band.

4   Heribert Illig: *Das erfundene Mittelalter. Die größte Zeitfälschung der Geschichte*, Düsseldorf 1996; ders.: *Wer hat an der Uhr gedreht? Wie 300 Jahre Geschichte erfunden wurden*, München [3]2000 (Untertitel auf dem

Schutzumschlag abweichend: *Wie 300 Jahre Mittelalter erfunden wurden*),
S. 77.

5 Marion Wigand: *300 Jahre erstunken und erlogen*, Die Tageszeitung (taz),
11. Sept. 1995. Zuvor bereits: *Maria Enders: Münchner Forscher behauptet:
Karl der Große hat nie gelebt. Aachener Historiker: Ein neuer Däniken?*,
Aachener Volkszeitung, 31. Aug. 1993.

6 *Ist das Mittelalter drei Jahrhunderte zu lang oder Wie man die Rechnung
ohne Karl den Großen macht*, Diskussionssendung des SWF 2, 12. Jan. 1996,
moderiert von Burkhard Müller-Ullrich; Matthias Grässlin: *Dr. Seltsam und
die Zeitbombe. Heribert Illig kuriert die Chronologie*, Frankfurter Allgemeine Zeitung, 1. Okt. 1996, S. L 31; Klaus Simmering: *300 Jahre erstunken
und erlogen? Über Zweifel an unserer Zeitrechnung*, Film des MDR,
19. Feb. 1997; Helmut Reefschläger: *Wann war was?* Hörzu, 21. März 1997;
Richard Herzinger: *Das Millennium wird verrückt. Wir schreiben das Jahr
1699 – Überlegungen zum neuen Bedürfnis nach Umschreibung der Geschichte*, Die Zeit, Nr. 40, 26. Sept. 1997, S. 64; Walter Klier: *Über Phantom-
zeiten*, taz, 30. Jan. 1999.

7 Die umfangreichste Debatte in *Ethik und Sozialwissenschaften* 8 (1997) 4,
S. 481-520 (zit. EuS).

8 Anthony Grafton: *Fälscher und Kritiker. Der Betrug in der Wissenschaft*,
Frankfurt/M. 1995. Dazu auch Arnd Hoffmanns Bemerkungen in seinem
Beitrag, Abschnitt 4.

9 Heribert Illig: *Chronologie und Katastrophismus. Vom ersten Menschen
bis zum drohenden Asteroideneinschlag*, Gräfelfing 1992, S. 8, 11, 12, 27,
148; ders., *Mittelalter*, S. 21.

10 Illig, *Mittelalter*, S. 341.

11 Heribert Illig: *Schriftspieler – Schausteller. Die künstlerischen Aktivitäten
Egon Friedells*, Wien 1987; ders.: *Karriere ist Armut an Ideen. In Sachen
Innerhofer*, Gräfelfing 1993; Roland Innerhofer: *Kulturgeschichte zwischen
den Weltkriegen: Egon Friedell*, Wien 1991.

12 Heribert Illig: *Egon Friedell und Immanuel Velikovsky. Vom Weltbild zweier
Außenseiter*, Basel 1985.

13 Illig, *Chronologie*, S. 16 f. und EuS, S. 518.

14 Illig, *Mittelalter*, S. 339.

15 Wilhelm Kammeier: *Die Fälschung der deutschen Geschichte*, Heft 2/3:
Die Fälschung der erzählenden Geschichtsquellen, Leipzig 1935, S. 7, 9 f.

16 Peter Franz Joseph Müller: *Meine Ansicht der Geschichte*, Düsseldorf 1814,
S. 33.

17 Jean Sgard: *Et si les anciens étaient modernes ... Le „Système" du P. Hardouin*, in: Louise Godard de Donville (Hg.): *D'un siècle à l'autre: Anciens et modernes. XVIe colloque (Janvier 1986)*, Marseille 1987 (Centre Méridional de Rencontres sur le XVIIe siècle), S. 209-220; Catherine M. Northeast: *The Parisian Jesuits and the Enlightenment*, Oxford 1991, S. 81-89, 116-119, 128-134, 142-146.

18 Freiherr vom Stein: *Briefe und amtliche Schriften*, bearb. u. hg. v. Erich Botzenhart/Walther Hubatsch, 10 Bde., Stuttgart 1957-74, Bd. 10, Register, s.v. Müller, Peter Friedrich Joachim. Die Vornamen des Düsseldorfer Juristen sind dort mit „Friedrich Joachim" falsch angegeben.

19 Müller, *Ansicht*, passim, v.a. S. 1, 4 f., 7-23, 30-32, 60-71, 229-234, 498-503.

20 Wilhelm Kammeier: *Die Fälschung der deutschen Geschichte*, 4 Hefte, Leipzig 1935 (Heft 1: *Die Fälschung der urkundlichen Quellen des deutschen Mittelalters*, Heft 2/3: *Die Fälschung der erzählenden Geschichtsquellen*, Heft 4: *Die Fälschung der Germania des Tacitus*); ders.: *Neue Beweise für die Fälschung der deutschen Geschichte*, Leipzig 1936; ders.: *Die historischen Welträtsel. Antworten an meine Kritiker*, Leipzig 1937; ders.: *Rätsel Rom im Mittelalter*, Leipzig 1937; Horst Fuhrmann: *Überall ist Mittelalter.Von der Gegenwart einer vergangenen Zeit*, München 1996, S. 224-251.

21 Kammeier, *Fälschung*, Heft 1, S. 79, Heft 4, S. 48 f.

22 Illig, *Uhr*, S. 241 und EuS, S. 517.

23 Illig, *Chronologie*, S. 16 ff.

24 Ebd. S. 21 f., 24 f.

25 Ebd. S. 244.

26 Carl Christian Bry: *Verkappte Religionen. Kritik des kollektiven Wahns*, hg. v. Martin Gregor-Dellin, Nördlingen 1988 (EV 1924), S. 30-34.

27 Informationen zu Chronologie und Katastrophismus im Internet (Stand 1999/ 2000): *www.creatores.de/illigdeb.htm*, *SkepDic.com*, *catastrophism.com*. Siehe auch die Homepages der Kritiker Tilmann Chladek, Stefan Frank, Franz Krojer, Dietmar Kuss und des Illig-Anhängers Günter Lelarge. Wer unter den Stichworten *Zeitensprünge*, *Illig*, *Velikovsky* sucht, wird noch weiteres Material finden. Naturwissenschaftler auf Seiten Illigs: Hans-Ulrich Niemitz/ Christian Blöss: *C14-Crash. Das Ende der Illusion mit Radiokarbonmethode und Dendrochronologie datieren zu können*, Gräfelfing 1997.

28 Gunnar Heinsohn (Hg.): *Das Kibbuz-Modell. Bestandsaufnahme einer alternativen Wirtschafts- und Lebensform nach sieben Jahrzehnten*, Frankfurt/M. 1982; ders.: *Privateigentum, Patriarchat, Geldwirtschaft. Eine sozialtheoretische Rekonstruktion zur Antike*, Frankfurt/M. 1984; ders.: *Was ist*

Judentum?, in: *Zeitschrift für Religions- und Geistesgeschichte* 43 (1990), S. 333-344.

29 Gunnar Heinsohn: *The Israelite Origins of Monotheism and the Prohibition of Killing*, in: *Catastrophism and Ancient History* 4 (1982), Nr. 1, S. 31-40; ders.: *Wie alt ist das Menschengeschlecht? Stratigraphische Chronologie von der Steinzeit bis zur Eisenzeit*, Gräfelfing 1991; ders./Heribert Illig: *Wann lebten die Pharaonen? Archäologische und technologische Grundlagen für eine Neuschreibung der Geschichte Ägyptens und der übrigen Welt*, Gräfelfing ²1997. Im Internet unter *catastrophism.com* das Inhaltsverzeichnis der Zeitschrift *Chronology & Catastrophism Review*. *Journal of the Society for Interdisciplinary Studies* XVII (1995) – Special issue: *Cosmic Catastrophism. Velikovsky 100ᵗʰ Birthday Memorial Meeting. Proceedings of the SIS 1995 Braziers College Conference*. Darin demnach: Gunnar Heinsohn: *Imaginary and Expected Catastrophes – Apocalyptic Desire and Scientific Prognosis*, S. 22 ff.

30 Dies laut Illig, *Chronologie*, S. 220 f.

31 Gunnar Heinsohn: *Warum Auschwitz? Hitlers Plan und die Ratlosigkeit der Nachwelt*, Reinbek 1995, S. 14.

32 Heribert Illig: *Die veraltete Vorzeit. Ein neuer chronologischer Aufriß europäischer Prähistorie von Altamira, Alteuropa, Atlantis über Malta, Menhire, Mykene bis Stelen, Stonehenge, Zypern*, Frankfurt/M. 1988, S. 144.

33 Illig, *Uhr*, S. 189 f.

34 Ebd. S. 169, 177.

35 Eine willkürliche Auswahl: *Fälschungen im Mittelalter. Internationaler Kongreß der MGH München, 16.-19. September 1986*, 5 Bde., Hannover 1988 (MGH Schriften 33, I-V); Carlrichard Brühl: *Studien zu den merowingischen Königsurkunden*, hg. v. Theo Kölzer, Köln u.a. 1998; Hans Constantin Faußner: *Die Königsurkunden-Fälschungen Ottos von Freising aus rechtshistorischer Sicht*, Sigmaringen 1993; Otto Gerhard Oexle (Hg.): *Stand und Perspektiven der Mittelalterforschung am Ende des 20. Jahrhunderts. Mit Beiträgen von Arnold Esch, Johannes Fried und Patrick J. Geary*, Göttingen 1996 (Göttinger Gespräche zur Geschichtswissenschaft, 2).

36 Illig, *Mittelalter*, S. 391; ders., *Uhr*, S. 84 und EuS, S. 482, 510-512.

37 Rudolf Schieffer: *Ein Mittelalter ohne Karl den Großen, oder: Die Antworten sind jetzt einfach*, in: *Geschichte in Wissenschaft und Unterricht* 48 (1997), S. 611-617, hier: S. 617. Siehe etwa auch die allgemeinverständliche Darstellung bei Friedrich Prinz: *Grundlagen und Anfänge. Deutschland bis 1056*, München 1985, S. 70-124, v.a. die abwägende Beurteilung S. 105-107.

38 EuS, S. 508.

39 Die Problematik dieser Denkfigur reflektiert Walter Gebhard: „*Der Zusammenhang der Dinge*". *Weltgleichnis und Naturverklärung im Totalitätsbewußtsein des 19. Jahrhunderts*, Tübingen 1984 (Hermaea, Neue Folge, 47).

40 Georg Scheibelreiter: *Die barbarische Gesellschaft. Mentalitätsgeschichte der europäischen Achsenzeit (5.-8. Jahrhundert)*, Darmstadt 1999.

41 Illig, *Uhr*, S. 169, 90, 121.

42 Michel Foucault: *Nietzsche, die Genealogie, die Historie*, in: Christoph Conrad/Martina Kessel (Hg.): *Kultur & Geschichte. Neue Einblicke in eine alte Beziehung*, Stuttgart 1998, S. 43-71, hier: S. 56.

43 Lorraine Daston: *Die unerschütterliche Praxis*, in: Kiesow/Simon, *Suche*, S. 13-25, hier: S. 20-25.

44 Illig, *Uhr*, S. 237.

45 Illig, *Chronologie*, S. 244 („eine überbevölkerte, ökologisch verwüstete Erde vor dem Abschuß retten").

46 Illig, *Mittelalter*, S. 21; Kammeier, *Fälschung*, Heft 2/3, S. 13 ff.

47 Kammeier, *Beweise*, S. 46.

48 Illig, *Mittelalter*, S. 20.

49 Ebd. S. 339, Zitat S. 336

50 Illig, *Uhr*, S. 249.

51 Ebd. S. 169-174, 205-209.

52 Ebd. S. 166.

53 Ebd. S. 217.

54 Albert Soboul: *Die Große Französische Revolution. Ein Abriß ihrer Geschichte (1789-1799)*, Frankfurt/M. 1973, S. 34.

55 Albert Resis: *Russophobia and the „Testament" of Peter the Great 1812-1980*, in: *Slavic Review* 44 (1985), S. 681-693; Karl Marx: *Enthüllungen zur Geschichte der Diplomatie im 18. Jahrhundert*, hg. v. Karl August Wittfogel, Frankfurt/M. 1981.

56 Dieter Groh: *Die verschwörungstheoretische Versuchung oder: Why do bad things happen to good people?*, in: ders.: *Anthropologische Dimensionen der Geschichte*, Frankfurt/M. 1992, S. 267-304, hier: S. 267-283; Zitat: Illig, *Mittelalter*, S. 388.

57 Illig, *Mittelalter*, S. 10.

58 Karl Marx/Friedrich Engels: *Werke*, 43 Bde. und 1 Erg.Bd., Berlin 1956 ff., Bd. 37, S. 464.

59 David Carr: *Die Realität der Geschichte*, in: Klaus E. Müller/Jörn Rüsen (Hg.): *Historische Sinnbildung. Problemstellungen, Zeitkonzepte, Wahrnehmungshorizonte, Darstellungsstrategien*, Reinbek 1997, S. 309-327, hier: S. 324.

60 Gunnar Heinsohn/Otto Steiger: *Die Vernichtung der weisen Frauen. Beiträge zur Theorie und Geschichte von Bevölkerung und Kindheit*, München ³1989 (EV 1985).

61 Groh, *Versuchung*, S 290.

62 Der Hinweis auf die unterirdischen Eisenbahnen in den „Protokollen" nach: Walter Laqueur: *Der Schoß ist fruchtbar noch. Der militante Nationalismus der russischen Rechten*, München 1993, S. 61.

63 Illig, *Mittelalter*, S. 100.

64 Ebd. S. 391.

65 EuS, S. 519.

66 Ebd.

67 So ein verbreitetes Handbuch: Heinrich Schmidt: *Philosophisches Wörterbuch*, Stuttgart ¹⁸1969, s.v. Objektivismus, Positivismus.

68 Illig, *Mittelalter*, S. 18, 20.

69 Foucault, *Nietzsche*, S. 60.

70 Carlo Ginzburg: *Spurensicherung. Die Wissenschaft auf der Suche nach sich selbst*, Berlin 1995, S. 7-44; Johannes Fried: *Wissenschaft und Phantasie. Das Beispiel der Geschichte*, in: *Historische Zeitschrift* 263 (1996), S. 291-316. Zur Literarität historischen Schreibens natürlich: Hayden White: *Auch Klio dichtet oder die Fiktion des Faktischen. Studien zur Tropologie des historischen Diskurses*, Stuttgart 1986.

71 EuS, S. 486.

Tillmann Bendikowski

„Das ist die Wahrheit" – Was ist die Lüge?
Über die Bundestagsdebatte zur „Wehrmachts-Ausstellung" am 13. März 1997 und die Grenzen einer „Erinnerungskultur"

„Das ist die Wahrheit." – Für diese Worte erhielt Otto Schily am 13. März 1997 im Deutschen Bundestag Beifall nicht nur von der SPD, den Grünen und der PDS, sondern auch von Abgeordneten aus den Reihen von CDU/CSU und FDP. Dass die Wahrheit beklatscht wird, mag auf den ersten Blick nicht sonderlich erwähnenswert sein. In diesem Fall ging es allerdings um die historische Wahrheit, um die Verbrechen des Nationalsozialismus und den angemessenen Umgang mit diesem Erbe: „Sie sollten sich endlich zu der Einsicht durchringen", so hatte Schily dem uneinsichtigen Alfred Dregger von der CDU zugerufen und dafür den Applaus erhalten, „dass Deutschland nur dadurch zur Demokratie geworden ist, daß Nazi-Deutschland den Krieg verloren hat. Das ist die Wahrheit."[1]

Diese Worte des Sozialdemokraten Otto Schily waren charakteristisch für eine Debatte, die bereits während ihres Verlaufs als eine jener „Sternstunden des Parlamentarismus" beurteilt wurde und wegen ihres Stils als ein viel zu seltener und deshalb ausgesprochen kostbarer Beitrag zur Legitimation des Abgeordnetenhauses und des politischen Systems der Bundesrepublik schlechthin bewertet worden ist. Konkreter Gegenstand dieser Debatte war die sogenannte „Wehrmachtsausstellung" des Hamburger Instituts für Sozialforschung, die zu diesem Zeitpunkt seit etwa zwei Jahren in verschiedenen Städten der Bundesrepublik zu sehen war. Anfang 1997 hatte sie - schließlich auch im Deutschen Bundestag - heftige Diskussionen ausgelöst: über die Rolle der deutschen Generäle wie der einfachen Soldaten im Zweiten Weltkrieg, über ihre Mitschuld am Vernichtungskrieg, ihr Wissen oder Nicht-Wissen in den Zeiten des Mordens, und ihr Schweigen oder Leugnen nach 1945.

Solche und ähnliche Aspekte diskutierten auch die Bonner Abgeordneten. Ihre Debatte kreiste dabei allerdings zunächst im wesentlichen um die Frage von Wahrheit und Lüge. Somit macht sie deutlich, wie im öffentlichen Raum von der Lüge – hier im speziellen Fall im Wechselspiel mit der historischen Wahrheit – gesprochen wird und wie der entsprechende Vorwurf formuliert und plaziert wird. Dabei können die Debattenbeiträge als ein eindrucksvolles Beispiel von „Geschichtspolitik" gelten, deren Mechanismen deutlich machen, dass im Zentrum von Erinnern und Vergessen weniger die Geschichte als die Politik steht. Wenn historische Wahrheit in einem solchen Sinne politisch vereinnahmt wird, erscheint der Vorwurf der Lüge und damit die Lüge selbst als fester Bestandteil der politischen Auseinandersetzung.

Um diese Bundestagsdebatte im Spannungsfeld von „historischer Wahrheit" und „Lüge" verständlich zu machen, wird im Folgenden zunächst der Umgang mit der NS-Geschichte in der frühen Bundesrepublik und dem Bild vom deutschen Soldaten während des Zweiten Weltkriegs skizziert. In einem zweiten Schritt wird ein Blick auf die Ausstellung „Vernichtungskrieg. Verbrechen der Wehrmacht 1941 bis 1944" und die sich daran entzündende Diskussion in der deutschen Gesellschaft geworfen, ehe drittens Inhalte und Begriffe der Bundestagsdebatte vorgestellt werden können. Damit wird – viertens – deutlich, wie der Antagonismus von Wahrheit und Lüge, der zunächst die Debatte prägte, aufgehoben wurde: indem Zeitgeschichte zur Familiengeschichte wurde und *Geschichten* gegenüber der *Geschichte* die Oberhand gewannen.

1. Vom Schweigen über die eigenen Taten – NS-Geschichte in der frühen Bundesrepublik

Dass sich die Abgeordneten des Deutschen Bundestags mit Fragen und Kontroversen der Zeitgeschichte – allen voran mit Fragen des „Dritten Reichs" beschäftigen –, hat in der Bundesrepublik eine gute Tradition. So gesehen war Bonn von Beginn an ein wichtiges Podium der deutschen Zeitgeschichte. Und stets war es eine Frage von Interpretation und politischer Perspektive, die die Abgeordneten bei ihrem Blick auf die Ereignisse jener Zeit zu unterschiedlichen Befunden kommen ließ. Dafür mag bereits die erste Sitzung am 7. September 1949 stehen, die der Sozialdemokrat Paul Löbe als Alterspräsident eröffnete. Der 74-jährige Löbe hatte zwischen 1925 und 1932 das Amt des Reichstagspräsidenten bekleidet, und so ging er auch aufgrund dieser persönlichen Erfahrung mit dem Scheitern parlamentarischer Arbeit in seiner Eröffnungsrede auf das Ende der Weimarer Demokratie und den Beginn der nationalsozialistischen Herrschaft ein. Er erinnerte eindringlich an die letzte Sitzung des Reichstags am 24. März 1933, als das „Ermächtigungsgesetz" verabschiedet wurde, das einen wichtigen Grundstock für den nationalsozialistischen Terror bildete. Paul Löbe erinnerte sich und die älteren Abgeordneten des neuen Bundestags an jene letzte Sitzung des Deutschen Reichstags, „der wir beiwohnten und in der durch das Hitlersche Ermächtigungsgesetz die staatsbürgerlichen Freiheiten für lange Jahre begraben wurden. Das war ein illegaler Akt. Der Widerstand dagegen war patriotische Tat." Damit provozierte Löbe allerdings den Zwischenruf des kommunistischen Abgeordneten Reimann: „Wie viele Abgeordnete sitzen hier, die dafür gestimmt haben!"[2]

Dieser – sachlich überdies zutreffende Zwischenruf – verwies mittelbar bereits auf die zentralen zeithistorischen Themen der jungen Bundesrepublik: einerseits die Kontinuität vom „Dritten Reich" in die Bundesrepublik und andererseits die Frage der Mitschuld einer breiten Funktionselite an der Erstarkung des Nationalsozialismus und dessen Machtentfaltung nach dem 30. Januar 1933. Doch ein klares Bekenntnis zu den Tätern wie Gegnern während der NS-Zeit war zu diesem Zeitpunkt eine Seltenheit, in aller Regel erschien das deutsche Volk als vornehmstes Opfer des Terrorsystems. Dies zeigte sich unter anderem an der Frage der Kriegsverbrecher: In den ersten Jahren der jungen Bundesrepublik offenbarte die im Parlament und im vorparlamentarischen Raum geführte Debatte um die Inhaftierten „eine Kontinuität kollektiver Zugehörigkeitsgefühle, für deren Träger sich die vor 1945 geltenden symbolischen Grenzziehungen von 'wir' und 'die' noch kaum geändert hatten".[3]

An der Frage des Umgangs mit den Kriegsverbrechern zeigt sich ein grundlegendes Phänomen der westdeutschen Nachkriegsgesellschaft. Die Amnestien für NS-Straftäter oder die Reintegration vermeintlicher

„Säuberungsopfer" hatte über den Kreis der konkret Begünstigten Auswirkungen: „Alles zusammen diente offensichtlich auch der Befriedigung
kollektiver psychischer Bedürfnisse einer Gesellschaft, die in den vierzi-
ger Jahren durch eine beispiellose politische und moralische Katastrophe
gegangen war und deren Erinnerung seitdem tief verstörende Desintegra-
tionserfahrungen barg."[4] Zu dieser Haltung passt die Einschätzung Norbert Freis, dass mit „der Suggestion eines Neubeginns aus dem Stande
kindlicher Unschuld [...] das ebenso verbreitete wie heftige Verlangen
nach möglichst pauschaler Tilgung der im Rahmen der politischen Säuberung seit 1945 massenhaft ergangenen individuellen Schuldzuschrei-
bungen" korrespondierte.[5]

Ein Blick auf die Bundestagsdebatten, in denen sich während fünf
Jahrzehnten die Parlamentsmitglieder mit den NS-Verbrechen beschäftigt
haben, bringt indes kein eindeutiges Ergebnis über den Umgang mit
dieser Vergangenheit. Helmut Dubiel hat einerseits das Erstaunen beschrieben, wie sehr es den Politikern unmöglich war, in der ersten Person
Plural („Wir haben das getan") von dem Völkermord zu sprechen, andererseits wäre die pauschale Behauptung, die Generation der Nachkriegs-
politiker hätte die ihnen vorausgehende Epoche einfach verschwiegen,
schlicht falsch.[6]

Was somit die Gründungszeit der Bundesrepublik kennzeichnete, war
das von Hermann Lübbe so bezeichnete „kommunikative Beschweigen"[7]
jener Aspekte der Vergangenheit, die nicht in das Bild des neuen, des
demokratischen Deutschlands auf dem Weg ins Wirtschaftswunder
passten. So wurde zwar durchaus über das „Dritte Reich" gesprochen,
zugleich aber immer auch über solche unangenehmen Seiten der Vergangenheit kollektiv geschwiegen. Stellvertretend für diese Situation mag der
Hinweis Marcel Reich-Ranickis sein. Erst Mitte der 60er Jahren, so erinnert er sich in seiner Autobiographie, traf er auf einen Menschen, der
„aufrichtig und ernsthaft wünschte, über meine Erlebnisse im Warschau-
er Ghetto informiert zu werden" – es war die junge Journalistin Ulrike
Meinhof.[8]

Dieser Umgang mit der NS-Geschichte galt bis in die 90er Jahre in
besonderem Maße für die Geschichte der Wehrmacht während des Zweiten Weltkriegs. Der Grund dafür liegt in der Einzigartigkeit dieser Organisation und ihrem daraus folgenden Platz im kollektiven Gedächtnis

der deutschen Gesellschaft. Anders als beispielsweise bei der Gestapo oder der SS hatten in der Armee Männer aus fast jeder deutschen Familie gedient. Vom altgedienten General mit Weltkrieg-I-Erfahrung bis zum minderjährigen Luftwaffenhelfer hatten somit Millionen Deutsche in unmittelbarer Weise am Kriegsgeschehen teilgenommen. Hier lässt sich nicht mehr von „den anderen" sprechen, von „den Nazis" oder „den Tätern", nur vom Diktator oder seinen Helfershelfern. Über die Wehrmacht waren die Deutschen mithin unmittelbar mit dem „Dritten Reich" – und damit seinen Verbrechen – verbunden. Eine Debatte um die Wehrmacht thematisierte somit zugleich das Handeln und Leben von Millionen ganz gewöhnlicher Männer.[9] Hier konnte und musste in dem von Helmut Dubiel zitierten Sinne in der ersten Person Plural gesprochen werden: Formulierungen wie „als wir vom Russen eingeschlossen wurden" oder „als wir die Amerikaner kommen sahen" wurden feste Bestandteile deutscher Familiengeschichten – vorausgesetzt, Vater oder Großvater erzählten überhaupt von ihren Kriegserfahrungen.

Diese Konstellation trug dazu bei, dass über Jahrzehnte hinweg in weiten Teilen der Öffentlichkeit die Meinung vorherrschte, die Wehrmacht habe insgesamt ihre „soldatische Ehre" bewahrt. Ungehindert konnten ehemalige Wehrmachtsangehörige ihre Biographien zeichnen, die so gut in das Erinnerungsbild der Bundesrepublik passten und deren einfacher Natur auch die Historiker nicht widerstehen konnten: Da gab es das personifizierte Böse in der Person Adolf Hitler, dem – sei es aus Gedankenlosigkeit, Leichtgläubigkeit oder anfänglicher politischer Verirrung – ein Großteil des Volkes mehr oder weniger auf den Leim gegangen sei, ohne dass die Deutschen selbst tatsächlich Nationalsozialisten gewesen seien. Hitler und der engere Führungskreis des „Dritten Reichs" planten nach dieser weitverbreiteten Vorstellung die Verbrechen, die ausführenden Deutschen waren demnach nichts anderes als Befehlsempfänger, die sich eben dem Druck des Terrorsystems selbst zu beugen hatten.

Aus dieser Perspektive erschienen die Wehrmachtsangehörigen eben auch als Opfer, nicht zuletzt weil Millionen von ihnen im Krieg den Tod fanden, durch Verletzungen fürs Leben gezeichnet wurden, und weil sich für viele von ihnen das Leiden in langjähriger Kriegsgefangenschaft fortsetzte – die Bilder der in den 1950er Jahren aus der Sowjetunion heimkehrenden Gefangenen rührte die westdeutsche Gesellschaft. Zugleich wurde damit aber auch das Stereotyp vom einfachen deutschen Soldaten zementiert, der lediglich seine Pflicht getan habe und der dabei selbst zum Opfer eines verbrecherischen Systems geworden sei. In diesem Sinne hatte niemand geringeres als Bundeskanzler Konrad Adenauer mit seiner „Ehrenerklärung" vor dem Deutschen Bundestag die Wehrmachtsangehörigen freigesprochen.[10]

2. „Vernichtungskrieg. Verbrechen der Wehrmacht 1941 bis 1944." – Anlass und Gegenstand der Bundestagsdebatte.

Dieses über Jahrzehnte hinweg stabile Bild vom deutschen Soldaten wurde durch die Ausstellung „Vernichtungskrieg – Verbrechen der Wehrmacht 1941-1944" erschüttert, die das Hamburger Institut für Sozialforschung konzipiert hatte, und die seit 1995 in verschiedenen deutschen Städten zu sehen war. Sie entfaltete im wesentlichen die These, dass die Wehrmacht im Osten am deutschen Vernichtungskrieg beteiligt und somit unmittelbar in das mörderische System des „Dritten Reichs" verstrickt gewesen sei. Dabei war dieses Wissen keineswegs neu,[11] nur hatte es sich bislang nicht durchsetzen und einen Platz im deutschen Geschichtsbewusstsein einnehmen können. „Die Legende von der 'sauberen' Wehrmacht war bereits wissenschaftlich destruiert, aber in der Öffentlichkeit konnte die Konfrontation mit dem Bild- und Textmaterial der Augenzeugen mit Fug und Recht als Wahrnehmungszäsur empfunden werden. Bestimmte Aspekte und Potentiale der Thematik waren ans Licht der Öffentlichkeit getreten – und allein dieser Vorgang verlieh ihnen eine neue Qualität."[12]

Schon bald war es mehr als jener von Jan Philipp Reemtsma beschriebene „Schlüsselreiz, der viele Erinnerungen explizite Texte werden lässt, in denen wir ein Bild unserer Gesellschaft erkennen in der ganzen Ambivalenz, seinem beschwerlichen Neben- und Ineinander von Nähe und Distanz zum Verbrechen".[13] Vielmehr hatte im Laufe des Jahres 1997 und damit zum Zeitpunkt der Debatte im Deutschen Bundestag die Diskussion um die Ausstellung und damit über die Verbrechen der

Wehrmacht die intellektuelle Form einer Auseinandersetzung zuweilen weit hinter sich gelassen. Statt dessen war das Thema zunehmend Anlass für polemische Kommentare sowie erregte Leserbriefe in der Presse geworden, für deftige Wortwechsel vor und in den Ausstellungsräumen, für Schlägereien, Straßenschlachten und schließlich sogar für einen Sprengstoffanschlag.

Dabei hatte die Ausstellung auf ihren ersten Stationen nur für eine vergleichsweise geringe Beachtung gesorgt. Ungestört konnten die Besucher anfangs noch durch die Ausstellungsräume streifen, ohne von aufgeregten Debatten in Lokalpresse und Kommunalparlamenten bereits im Vorfeld „sensibilisiert" worden zu sein, und auch die Bundeswehr – die sich in der schwierigen Position von Traditionsbewahrung versus -überwindung befand und befindet – stellte sich zu diesem Zeitpunkt bereitwillig einer offenen Diskussion. Dies änderte sich allerdings geradezu explosionsartig, als die Schau ab Februar 1997 in München gezeigt werden sollte. In der bayerischen Landeshauptstadt ging es dabei dank der CSU von Beginn an politisch sehr viel rustikaler zu als bei den Interventionen der Schwesterpartei CDU im Norden des Landes. Allen voran heizten Peter Gauweiler (der Jan Philipp Reemtsma riet, er solle „eine Ausstellung machen über die Toten und Verletzten, die der Tabak angerichtet hat") und der „Bayernkurier" die Atmosphäre spürbar an. Mögliche Einwände und Halbwahrheiten, Gerüchte und Unterstellungen vermengten sich in einer gereizten öffentlichen Diskussion, die als Begleitmusik der Ausstellung völlig neu war und die entsprechende Folgen für weitere Ausstellungsorte zeitigte: In Erfurt wurde das Wort „Lüge" auf Schautafeln gesprayt, in Regensburg und Nürnberg boykottierten CSU-Politiker das Ereignis, und zunehmend machten Reservisten und Kameradenverbände mobil gegen die Ausstellung. Nach Beobachtung von Herbert Riehl-Heyse in der „Süddeutschen Zeitung" zeigte sich, wie „immer mehr die Politik ins Spiel kam, dass die Vergangenheit sich wieder danach zu richten hatte, welcher politischen Richtung der jeweilige Betrachter angehörte".[14]

Damit verwies der Journalist auf jenen Komplex, den die Geschichtswissenschaft seit einigen Jahren mit zunehmendem Interesse untersucht: die „Geschichtspolitik". Als eine Analysekategorie ist dieser vergleichsweise junge Begriff bislang noch nicht inhaltlich gefüllt worden. Zumeist wurde er für die Beschreibung der Geschichtswissenschaft in Diktaturen verwendet; als ein Forschungsthema, welches die Auseinandersetzungen um die Geschichte in Demokratien untersucht, steht die Geschichtspolitik dagegen erst am Anfang.[15] Auch hat die Forschung dem Begriff noch keine eindeutige Definition zugewiesen.[16] Für den vorliegenden Fall ließe sich Geschichtspolitik verstehen als eine öffentliche Auseinandersetzung über vergangene Zeiten samt ihren Texten, Symbolen und Interpretationen, wobei die Akteure von spezifisch politischen Interessen ihrer Gegenwart geleitet werden. So verstanden, greift Politik unmittelbar ein in den Komplex von Geschichtsinterpretation, von Erinnern und Vergessen. Aus verschiedenen Anlässen, etwa durch ein rundes Jubiläum, durch spezifische tagespolitische Konstellationen oder reinen Zufall, kann ein geschichtspolitischer Diskurs in Gang kommen, ohne dass die organisierte Geschichtswissenschaft daran notwendigerweise beteiligt ist. Im Falle der Wehrmachtsausstellung lösten vor allem die Äußerungen bürgerlich-konservativer Politiker die Diskussionen über diese Veranstaltung wie darüber hinaus die Rolle der Wehrmacht im Zweiten Weltkrieg aus.

Das erwähnte Auftreten der CSU und einige Äußerungen aus ihren Reihen bildeten den Auftakt der Bonner Bundestagsdebatte, die zunächst mit enormer rhetorischer Schärfe geführt wurde. Als erster Redner stellte der grüne Abgeordnete Gerald Häfner die konservativen Kritiker der Wehrmachtsausstellung an den politischen Pranger: „Es gab in diesem Hause und in dieser Republik lange Zeit einen Konsens zwischen den demokratischen Parteien, dass man die Rechtsextremen, die Ultrarechten, die Neonazis keinen Fuß mehr auf den Boden dieser Republik stellen oder in die Tür dieser Republik stemmen lässt. Dieser Konsens ist in den letzten Wochen aufgekündigt worden", womit Häfner auf die vorangegangenen Vorgänge in München einging, „und zwar von einer Partei, die in diesem Hause sitzt und diese Bundesregierung mitträgt: von der CSU. Ich meine, dass ein klares Wort der Verantwortlichen in der Christlich-Sozialen Union und ein klares Wort dieser Bundesregierung dazu nötig ist." Die Hamburger Ausstellung und damit die Rolle der Wehrmacht im Zweiten Weltkrieg waren demnach also Ausgangspunkt der Debatte, ihr aktueller Auslöser hingegen (partei-)politische Kontroversen.

Der Blick auf den weiteren Verlauf der Debatte zeigt allerdings, dass sich diese analytisch in zwei Bereiche teilen lässt. Die inhaltliche und parteipolitische Auseinandersetzung im eigentlichen Sinn, wie sie das Zitat des Abgeordneten Häfner illustriert, bildete den ersten Teil der Diskussion. Darin ging es um die Frage, welcher Redner die „historische Wahrheit" für sich in Anspruch nehmen dürfe, und wer sie – in lügnerischer Absicht – in Abrede stellte.

Für die damalige und noch bis heute vorherrschende Wahrnehmung der Debatte als „stilbildend" war dagegen der zweite Teil der Diskussion ausschlaggebend. Darin verließen die Redner die herkömmliche Form parlamentarischer Rede und gaben statt dessen persönliche Erlebnisse aus der eigenen Verwandtschaft dem Plenum und zugleich der Öffentlichkeit preis. Immerhin sechs der insgesamt 13 Redner kamen dergestalt auf Familiäres zu sprechen. Der Charakter der Parlamentsdebatte wandelte sich dadurch schlagartig, was nicht nur für den Umgangston galt. Jetzt nahm die Debatte jene Züge an, die weithin Beachtung und Anerkennung fanden. Stellvertretend lobte die „Süddeutsche Zeitung" den „Geist der großen Debatte", während der „der Bundestag mit Ernsthaftigkeit und Würde" über die Ausstellung diskutiert habe.[17] Dabei handelte es sich keineswegs nur um eine Außenwahrnehmung, auch die Parlamentarier selbst wiesen sehr bald auf die Einzigartigkeit der von ihnen geführten Diskussion hin. In ihrer „eindruckvollen Form" sei sie „in Stil und Inhalt nicht wiederholbar", erklärte stellvertretend für viele andere Politiker der FDP-Abgeordnete Max Stadler. Noch im selben Jahr wurden die Reden an verschiedenen Stellen in Darstellungen über die Kontroverse zur Wehrmachtsausstellung ungekürzt abgedruckt, was für eine Bundestagsdebatte eine eher ungewöhnliche Form der publizistischen Beachtung bedeutet.[18]

Um zu zeigen, was dieser Wandel der Debatte für das Sprechen von Lüge und Wahrheit bedeutete, zunächst ein Blick auf den zumeist weniger beachteten, kontroversen Teil der Debatte.

3. Vom Sprechen über Lüge und Wahrheit –
Inhalte und Begriffe der Debatte

Es waren die beiden ersten Redner dieser Debatte, die das Sprechen über
Lüge und Wahrheit in ihren Beiträgen zuspitzten. Gerald Häfner von
Bündnis 90/Die Grünen verlangte als erster Redner eine Klarstellung, was
Lüge und was Wahrheit ist. Zunächst skizzierte er das Vorhaben der
Ausstellung, die keineswegs eine Pauschalverurteilung aller Wehrmachtsangehörigen darstelle. Durchaus behutsam schickte Häfner voraus, dass unter
den Millionen Wehrmachtssoldaten zwar viele gewesen seien, „die dies aus
Überzeugung taten, sicher aber auch viele, die ihren Wehrdienst wider
eigenen Willen erfüllt haben und die Taten mitgemacht oder sich verweigert haben, wenn sie diese selbst nicht billigen konnten und nicht
richtig fanden". Niemand strebe also eine Pauschalverurteilung an. Angesichts des deutschen Eroberungs- und Vernichtungskriegs im Osten ging
es nach seinen Worten vielmehr darum, „mit der Lüge aufzuhören, dass für
alle schlimmen Taten nur die SS verantwortlich gewesen sei und dass die
Wehrmacht im Osten einen sauberen, einen hehren, einen tapferen Feldzug
geführt habe, der nichts mit den brutalen, nichts mit den rassistischen
Ideen Hitlers und nichts mit den Greueltaten dieses Krieges zu tun hatte".
    Gegen die so skizzierte „Lüge" stellte Gerald Häfner die historische
„Wahrheit": „Die Wahrheit ist, dass die Wehrmacht gerade im Osten
einen Eroberungs- und Vernichtungsfeldzug geführt hat und dass in
diesem Krieg unter der Verantwortung der Wehrmacht Millionen von
Zivilisten, Frauen und Kinder, grundlos hingerichtet worden sind." Wer
zu dieser Wahrheit schweige, „wer sie verdrängen will, wer unsere eigene
Geschichte verfälscht, der trägt dazu bei, dass diese Geschichtsklitterung
in diesem Land um sich greift, der trägt dazu bei, dass rechte Mythenbil-
dung wieder fröhliche Urständ feiert". Häfner verwies auf diejenigen
Träger dieser „Lüge", indem er auf die „Braune-Socken-Politik" der CSU
und damit den Versuch verwies, „die Opfer von Folter und Vernichtung
zu verdrängen und kein Mitleid für sie aufzubringen", sondern vielmehr
„diejenigen anzuprangern, die heute die Wahrheit über die historische
Vergangenheit feststellen wollen".
    Damit betrat Gerald Häfner das semantische Feld, das sich zwischen
den Begriffen von Lüge und Wahrheit erstreckt. Mit anderen Befürwor-

tern der Ausstellung hob er deren Leistung hervor, mit „der Lüge", „der
Mär" oder „der Legende" „aufzuhören", die Wehrmacht habe so etwas
wie einen „sauberen" Krieg geführt. Sie widerspreche damit den Leugnern,
die die Wahrheit „verdrängen", die Geschichte „verfälschen" oder die
Verbreitung rechter „Mythen" unterstützten. Den Kritikern der Ausstellung wurde damit vorgeworfen, sie wüssten zwar um die historische
Wahrheit, wollten diese allerdings nicht akzeptieren und leugneten deshalb bewusst das Geschehene. In den Zeugenstand wurde für diese Argumentation die „historische Wahrheit" gerufen, so wie dies Otto Schily
tat: „Es geht um den Unwillen und die Unfähigkeit vieler Menschen, sich
auf die historische Wahrheit, was die Untaten der Schreckenszeit der
Naziherrschaft angeht, einzulassen."

Die unmittelbare Antwort auf diese Konstruktion von der vermeintlichen Entschleierung der „Lüge" und der eigenen Inanspruchnahme der
„historischen Wahrheit" lieferte als zweiter Redner Alfred Dregger für die
CDU/CSU-Fraktion. Durch sein Auftreten entstand jene aufgeheizte
Atmosphäre, die zunächst den weiteren Verlauf der Debatte prägte – so
attestierte er seinem Vorredner zunächst einmal, seine Vorwürfe gegen
die Kritiker der Ausstellung seien „undifferenziert", „niederträchtig und
zum großen Teil gemein". Inhaltlich verwendete Dregger von Beginn an
jenes Argumentationsmuster, das den meisten Ausstellungsgegnern zu
eigen war, und das Gerald Häfner gleich zu Beginn seiner Ausführungen
als abwegig zurückgewiesen hatte. Dregger behauptete nämlich, durch
die Ausstellung und die begleitenden Diskussionen würde die Wehrmacht pauschal für Verbrechen verantwortlich gemacht, die tatsächlich
nur einzelne begangen hätten. Hannes Heer und Jan Philipp Reemtsma
als verantwortliche Initiatoren unternähmen den Versuch, „Millionen
von Menschen, die sie nicht kennen, ihrem Urteil zu unterwerfen und sie
in dieser Weise zu verletzten, ohne einen auf die Person bezogenen
Wahrheitsbeweis führen zu können".

Weiter erklärte Dregger: „Wer versucht – diese Versuche gibt es –, die
gesamte Kriegsgeneration pauschal als Angehörige und Helfershelfer einer Verbrecherbande abzustempeln, der will Deutschland ins Mark treffen. Dagegen wehren wir uns." Ausgehend von diesem Argumentationsmuster drehte Dregger den Vorwurf der Leugnung der historischen Wahrheit um und beschuldigte nun seinerseits mit Hilfe der Unterstellung, die

Wehrmachtsausstellung (ver-)urteile pauschal – also undifferenziert und wahrheitswidrig –, die Kritiker der Lüge: „Diejenigen, die versuchen, die deutsche Wehrmacht pauschal als verbrecherische Organisation darzustellen, sagen nicht die Wahrheit. Sie hetzen und verleumden."

Der weitere Verlauf von Dreggers Rede war von zahlreichen Zwischenrufen begleitet; so sah sich Joschka Fischer zu dem Zuruf genötigt „Ein unsäglicher Dreck, den Sie hier absondern!". Empörung erntete Dregger auch bei der SPD und der PDS, beispielsweise als er erklärte, das „deutsche Volk" sei gegen seinen Willen ebenso wie „das russische Volk und andere Völker" in den Zweiten Weltkrieg „hineingezogen worden". Am Schluss seiner Ausführungen rechnete Alfred Dregger endgültig mit der Wehrmachtsausstellung ab: „Die Ausstellung versöhnt nicht, sie spaltet. Sie empört durch die Art ihrer Darstellung die Generationen der Großväter und Väter und verwirrt die Generation der Söhne und Enkel", sie treibe „einen Keil zwischen die Generationen".

Alfred Dregger hatte in seiner gesamten Rede nicht einmal den Begriff der „Lüge" verwendet. Und doch bildete er mit seinen Ausführungen den Gegenpol zu Gerald Häfners Eröffnungsrede und seinem Sprechen über Lüge und Wahrheit. So nahm Dregger genau die Position ein, die der Bündnisgrüne als die „Pauschalisierungslüge" bezeichnet hatte, und zugleich unterstellte Dregger der Ausstellung die Darstellung einer falschen Geschichte. Sein Vorwurf der Verleumdung war identisch mit dem Vorwurf der Leugnung historischer Tatsachen, also mit dem Vorwurf der Lüge.[19]

Auf diese Unterstellung reagierte der Bündnisgrüne Volker Beck in seiner Kurzintervention unmittelbar nach Dreggers Worten und prangerte an, dieser habe „die Propagandalüge von der Pauschalverurteilung der Wehrmachtsdeserteure wiederholt". So werde versucht, Raum zu schaffen für die Äußerungen von Peter Gauweiler und den „Freunden in den rechtsextremistischen Parteien". Damit hatten bereits die ersten drei Redner die zunächst entscheidenden Akzente in der Diskussion gesetzt, die um die Begriffe „Lüge" und „Wahrheit" kreisten: Für die Befürworter der Ausstellung in den Reihen der Abgeordneten räumte diese mit der Lüge einer weithin unschuldigen deutschen Armee im Zweiten Weltkrieg auf. Im Gegensatz dazu argumentierten die Ausstellungsgegner: Die Ausstellung mache sich selbst der Pauschalisierungslüge schuldig, indem sie –

wahrheitswidrig – die Wehrmacht insgesamt als verbrecherische Organisation darstelle.

Die folgenden Redner standen vor dem Problem, aus dieser Pattsituation herauszukommen. Sie konnten diese Frontstellung nur dadurch überwinden, indem sie die besseren Argumente und „Zeugen" für ihre eigene Einschätzung der Dinge fanden und die Auseinandersetzung so für sich entschieden. Damit wird allerdings das alles entscheidende Problem deutlich, vor dem nach Häfner und Dregger alle folgenden Redner standen: Die ersten beiden Redner hatten mit den Kampfbegriffen von „Lüge" und „Wahrheit" oder deren semantischen Entsprechungen die Auseinandersetzung extrem zugespitzt, ohne dass sie allerdings ihre Behauptungen beweisen und somit den Streit für sich entscheiden konnten. So gesehen befand sich bereits nach zwei Redebeiträgen die Debatte in einer Sackgasse. Und so fanden auch andere Redner keinen Ausweg, sondern verhandelten die Sache lediglich mit neuen Worten und wenigen neuen Details.

Über Lügen wurde dementsprechend nicht mehr gesprochen, wenn man einmal von Otto Graf Lambsdorff absieht, der die Ausstellung mit der Feststellung kritisierte: „Sie ist nicht differenziert genug. Sie vermeidet nicht den Eindruck des Pauschalurteils" und anschließend eine Formulierung aus der „Frankfurter Allgemeinen" zitierte: „Sie lügt nicht, und sie lügt doch." Die Ausstellungs-Kritiker versuchten zunächst ihr Glück damit, den Initiatoren spezifische Motive zu unterstellen, aus denen heraus sie die Ausstellung zu einem Mittel der groben Pauschalisierung und somit der Lüge einer kollektiven Schuld machen wollten: „Hetze und Verleumdung" hatte Alfred Dregger ausgemacht, Versuche, „Deutschland ins Mark" zu treffen, bewusste „Verwirrung" einer Generation von Söhnen und Enkeln. Besonders eindrucksvoll für solche Versuche ist der Redebeitrag von Erika Steinbach für die CDU/CSU-Fraktion. Die Ausstellung „hat etwas Infames an sich", urteilte sie. „Sie will diskreditieren; davon bin ich fest überzeugt" – was nichts anderes war als eine schlichte Unterstellung, die nicht einmal mehr den Vorwurf eines leugnerischen Tuns beinhaltete. Steinbach verknüpfte eine moralische Maßregelung der anderen mit dem Vorwurf des verfälschenden und unredlichen Umgangs mit der NS-Vergangenheit. Dafür steht ihr ungestümer Angriff auf die Grünen im Bundestag: „Mich ekelt die Überheb-

lichkeit an, mit der Sie über ihre eigenen Väter und Vorväter sprechen",
bekannte die empörte Unions-Abgeordnete und fügte ihre Einschätzung
der Dinge an: „Das ist unserer Geschichte insgesamt nicht angemessen."
Zunehmend griffen die Abgeordneten schlicht zu Behauptungen, ohne
zu den Wertungen von Lüge und Wahrheit zurückzukehren. Dies zeigen
zwei Zitate aus dem Beitrag des Christdemokraten Heiner Geißler, der
den Begriff der Lüge nicht verwendete, auch weil er auf die Wehrmachtsausstellung und die vorhergegangenen Debattenbeiträge nicht einging,
sondern allgemein zur Zeitgeschichte sprach und zum rechten Umgang
mit ihr aufforderte. Über die Deutschen während des „Dritten Reichs"
urteilte Geißler beispielsweise: „Die Deutschen waren aber keine Rassisten, die deutschen Soldaten auch nicht", und für die Wehrmachtsangehörigen im besonderen erklärte er mit Blick auf die Verbrechen in den
besetzten Gebieten: „Der Vorwurf der persönlichen Beteiligung und der
Verstrickung gilt sicher für weite Teile der Generalität, gilt aber sicher
nicht für die überwiegende Mehrheit der deutschen Soldaten." Solche
Aussagen schmettern diejenigen Interpretationen der Vergangenheit, die
eventuell zu einem anderen Ergebnis kommen, mit erstaunlicher Leich-
tigkeit ab. Dabei ist der Wahrheitsgehalt der Aussage „Die Deutschen
waren keine Rassisten" ebenso hoch wie der der konträren der Feststellung „Die Deutschen waren Rassisten". Solche Behauptungen gehen
überhaupt nicht mehr auf die Konfrontation ein, wer mit welchem Ziel
eine historische Tatsache leugnet, und bemüht sich selbst in keiner Weise
um eine Schuldzuweisung an diejenigen, die das Gegenteil behaupten.
Geißlers Behauptung, „sicher" war die überwiegende Mehrheit der deutschen Soldaten nicht in Verbrechen verstrickt, illustriert dies: Geißler
greift nicht die Hamburger Ausstellungsmacher an, wirft ihnen nicht –
wie dies Alfred Dregger getan hat – lügnerische Absichten vor. Er unter-
läuft die Debatte einfach, indem er kurzerhand Feststellungen trifft, was
sich im „Dritten Reich" im allgemeinen und in der Wehrmacht im
besonderen tatsächlich abgespielt hat.

Solche und ähnliche Aussagen mischten sich allerdings erst nach einiger Zeit in die Debatte. Sie traten in dem Moment auf, als von persönlichen Erfahrungen, von familiärem Gedächtnis gesprochen wurde. Wie
diese Geschichten aus der eigenen Familie mit geradezu apodiktisch
anmutenden Aussagen verknüpft waren, zeigt sich erneut an dem Rede-

beitrag Heiner Geißlers. An einer Stelle erklärte er über die Deutschen während der NS-Zeit: „Aber die überwiegende Anzahl waren eben nicht Verbrecher, auch mein Bruder nicht, der im November 1944 gefallen ist, und ebenso mein Vater nicht." Die Geschichte wurde plötzlich individualisiert, der Redner sprach jetzt nicht mehr von *den Deutschen*, dessen Geschichte so schwer zu bewerten schien, er sprach jetzt von Vater und Bruder, mithin von jenen Deutschen, deren Geschichte der Erzähler kannte und die er sehr wohl zu beurteilen glauben konnte.

4. „... auch mein Bruder nicht ..." – Von der Geschichte zur Erinnerung

Dabei war es der eingangs zitierte Otto Schily, der die durch Häfner und Dregger zugespitzte Diskussion um Lüge und Wahrheit mit einer Wendung hin zur Geschichte der eigenen Familie auf eine andere Ebene verlagerte. Dies geschah im Laufe seiner Rede eher unvermittelt: Zunächst bezog er durchaus im Sinne des Bündnisgrünen Häfner eine klare Position für die Ausstellung und ihre Initiatoren: „Es geht um den Unwillen und die Unfähigkeit vieler Menschen, sich auf die historische Wahrheit, was die Untaten der Schreckenszeit der Naziherrschaft angeht, einzulassen", erklärte Schily und lobte „das hochanzuerkennende Verdienst des von Jan Philipp Reemtsma gegründeten Instituts für Sozialforschung und der von ihnen erarbeiteten Wehrmachtsausstellung, dass sie sich mit der Rolle der Wehrmacht ihm Gefüge der Naziherrschaft auseinandersetzen". Auch fand der Sozialdemokrat deutliche Worte für die jüngsten Ausfälle gegen dieses Unternehmen: „Den beschämenden Versuchen rechtsradikaler Kreise in der CSU und anderer Gruppierungen, die Ausstellung zu diffamieren, müssen alle mit Entschiedenheit entgegentreten."

Bei seinen Überlegungen zur Rolle der Wehrmacht wechselte Schily dann jedoch vom Allgemeinen zum Persönlichen: Er warnte vor selbstgefälliger Moral im retrospektiven Urteil, indem er an die potentielle Verführbarkeit der Menschen erinnerte. „Wer von uns", so fragte er das Plenum, „könnte ohne weiteres behaupten, dass er zum Beispiel den Mut eines deutschen Soldaten aufgebracht hätte, der sich der Exekution von wehrlosen Zivilisten verweigerte und sich schweigend in ihre Reihe stellte, um den Tod mit ihnen zu teilen?" An dieser Stelle verzeichnet das Protokoll „Der Redner hält inne." Ein sichtlich betroffener Otto Schily unternahm einen weiteren Anlauf und fuhr fort: „Gestatten Sie mir an dieser Stelle einige persönliche Bemerkungen. Mein Onkel Fritz Schily, ein Mann von lauterem Charakter, war Oberst der Luftwaffe." Erneut versagte Schily die Stimme, ehe er sich nach einer kurzen Pause beim Plenum entschuldigte und seinen Bericht fortführen konnte. Nun lauschte der Bundestag einer von großer Tragik geprägten deutschen Familiengeschichte des frühen 20. Jahrhunderts. Schilys Onkel, Kommandeur eines Fliegerhorstes in der Nähe von Ulm, habe „in Verzweiflung über die Verbrechen des Hitler-Regimes bei einem Tieffliegerbeschuss den Tod" gesucht; überdies erzählte Schily von seinem Bruder, der sich bereits früh der HJ-Mitgliedschaft verweigert hatte, dem die Flucht ins Ausland misslang und der schließlich als Soldat schwer verwundet wurde; eindrucksvoll berichtete er von seinem Schwiegervater – „ein ungewöhnlich mutiger und opferbereiter Mensch", der als jüdischer Partisan in Russland gegen die Wehrmacht gekämpft hat. Nur dieses Familienmitglied, so die Conclusio Schilys, habe „für eine gerechte Sache sein Leben eingesetzt": „Er kämpfte gegen eine Armee, die einen Ausrottungs- und Vernichtungskrieg führte, die die Massenmorde der berüchtigten Einsatztruppen unterstützte oder diese gewähren ließ. [...] Er kämpfte gegen eine deutsche Wehrmacht, die sich zum Vollstrecker des Rassenwahns, der Unmenschlichkeit des Hitler-Regimes erniedrigt und damit ihre Ehre verloren hatte."

Auch wenn Otto Schily damit anhand seiner Familiengeschichte zwar denkbar klar formuliert hatte, welche Seite während des Zweiten Weltkriegs die „richtige" und die „falsche" war, so provozierte seine Rede inhaltlich keineswegs eine Debatte um die Kriegsführung oder etwa eine dringend notwendige Neubewertung des sogenannten „Partisanenkampfes", sondern vielmehr die Öffnung der Redebeiträge zum vermeintlich Privaten, zu den familiären Erlebnissen mit dem „Dritten Reich" im allgemeinen und der Wehrmacht im besonderen. Wie sehr dadurch die Debatte ihren Charakter veränderte, zeigte der unmittelbar anschließende Beitrag von Otto Graf Lamsdorff. Seine Fraktion habe ihn gebeten, in dieser Debatte zu sprechen, „weil ich vom Mai 1944 bis Kriegsende

Angehöriger der deutschen Wehrmacht war", erklärte er gleich zu Beginn seiner Rede und knüpfte nach diesem Bekenntnis an die Ausführungen seines Vorredner an: „Ihr Hinweis, Herr Schily, Selbstgerechtigkeit zu vermeiden, ist nur zu berechtigt", er selbst habe sich in den vergangenen Jahren oft genug gefragt: „Wie hättest du wohl als 18-Jähriger reagiert, wenn dir ein solcher Befehl erteilt worden wäre?" Aus dieser Sicht auf die Dinge leitete Lambsdorff für sich Prinzipielles über den Umgang mit diesem zeitgeschichtlichen Phänomen ab: „Ich kann nur meine persönliche Auffassung zu diesem Thema äußern. Diese Auffassung wird aber subjektiv sein und auf keinen konkreten Fakten beruhen. Kann man überhaupt anders als subjektiv und sehr persönlich zu den hier angesprochenen Problemen Stellung nehmen? Kann es hier etwa Partei- oder Fraktionsmeinungen geben? Sicherlich nicht für einen Liberalen, eine liberale Faktion, eine liberale Partei."

Hinter diesem Loblied für einen vermeintlichen Liberalismus verbirgt sich eine erstaunliche Haltung gegenüber der Zeitgeschichte und zugleich denjenigen, die sich mit ihr beschäftigen. Träfe es tatsächlich zu, dass man sich zum Thema Verbrechen der Wehrmacht nur „subjektiv und sehr persönlich" äußern kann, hätte dies für die Geschichtswissenschaft fatale Folgen: Sie dürfte sich kein Urteil über Zeitgeschichtliches machen – außer über selbst Miterlebtes –, sie könnte und dürfte nicht sagen, was falsch und was richtig, was Recht und Unrecht – und letztlich auch: was Lüge und Wahrheit ist. Für sich selbst nahm Lambsdorff überdies sogar das Privileg einer „Auffassung" in Anspruch, die „auf keinen konkreten Fakten" beruht, was ja für eine „subjektive und sehr persönliche" Sicht der Dinge auch gar nicht nötig ist. Diese Formulierung trennt diesen – familiengeschichtlich unterlegten – Teil der Debatte deutlich vom Auftakt der Diskussion mit ihren Begriffen von Lüge und Wahrheit. Während sich die Redner zunächst ausdrücklich auf die umstrittene historische Faktizität beriefen und damit eine „historische Wahrheit" in einem objektivierbaren Sinne belegen wollten, um aus dieser Position heraus den Vorwurf der Lüge an ihre Gegner zu formulieren, zogen sich Lambsdorff und andere bald auf ihre „Subjektivität" und die Geschichten ihrer Familien zurück.

Es war nun nicht mehr die Spannung zwischen dem Vorwurf der Lüge und dem Verweis auf die „richtige" Wahrheit, die den weiteren Verlauf der Debatte prägte.[20] Ganz im Sinne der Lambsdorffschen Subjektivität sprach beispielsweise der Sozialdemokrat Freimut Duve die Abgeordneten des Hauses an: „Wir haben Kollegen hier im Bundestag – in unserer Fraktion und auch in anderen Fraktionen – gehabt, die als 17-Jährige, als 18-Jährige in die Waffen-SS gezogen wurden. Ich spreche von konkreten Kollegen. Sie haben ihr Leben lang darunter gelitten, dass selbst sie, die 1944 dorthin gezogen wurden, immer zu der Gruppe gehörten, von der pauschal alle sagen: Ihr wart ja SS; wir waren ja Soldaten." Zugleich berichtete auch Freimut Duve aus seiner Familiengeschichte: „Ich war letzte Woche in der merkwürdigen Situation, dass ich das Haus in Osijek fand, in dem meine jüdische Großmutter abgeholt wurde. Nie hätte ich gedacht – diese 60 Jahre, die ich lebe –, dass ich eine Frau sprechen würde, die das gesehen hat. Wir dachten nicht, dass noch irgend jemand lebt. Ich habe mit dieser Frau gesprochen. Sie hat mir genau beschrieben, wie das passiert ist: unter dem Schutz auch deutscher Soldaten. Aber es waren kroatische Ustaschas, die die alte Frau, die beinbehindert war, auf einen Lastwagen geschmissen haben. Wir wissen nicht, ob sie in Auschwitz oder in einem anderen Lager umgekommen ist." Noch ganz andere Erfahrungen kamen in dieser Familie zusammen: „Aber ich habe auch zwei Brüder meiner Mutter, die in der Wehrmacht, die in Russland waren. Beide Soldaten hat dieser Krieg bis zu ihrem Tod nicht verlassen."

Nun kamen die verschiedensten Erfahrungen und Erinnerungen zusammen, die das „Dritte Reich" als historische Spuren in der deutschen Gesellschaft zurückgelassen hat. „Mein eigener Großvater saß im KZ", berichtete Erika Steinbach, „und ist an den Folgen dieses Aufenthalts verstorben. Mein Großonkel ist der Euthanasie zum Opfer gefallen." Theo Waigel erzählte von seinem Vater, der bereits den Ersten Weltkrieg als Soldat miterlebt hatte, und der erneut eingezogen wurde: „Als er 1939 von meinem damals 13-jährigen Bruder zum Bahnhof gebracht wurde – mein Vater hat mir das später oft erzählt –, hoffte er, dass dieser Bub nicht auch noch eingezogen würde. Mit 17 Jahren wurde er eingezogen, mit 18 Jahren fiel er in Lothringen."

Als letztes Beispiel solcher Berichte sollen die besonders emotionalen und offenen Ausführungen von Christa Nickels stehen. Die Bündnisgrüne berichtete, wie sie erst spät realisierte, dass der von ihr geliebte Vater im Zweiten Weltkrieg Mitglied der SS war: „Vor einigen Jahren

reichten sich unser Bundeskanzler und Präsident Reagan auf einem Fried-
hof in Bitburg die Hand. Dabei ist mir zum ersten Mal aufgefallen, dass
mein Vater auf dem einzigen Foto, das es aus dieser Zeit von ihm gibt,
eine Uniform trägt, die schwarz ist und auf der Totenköpfe sind. Damals
war ich schon für die Grünen im Bundestag und habe es nicht gewagt,
meinen Vater zu fragen; denn es fiel mir unendlich schwer. Ich habe es
nicht übers Herz gebracht, ich konnte es nicht."

Immerhin sechs der insgesamt 13 Redner dieser Debatte gingen so
oder in ähnlicher Form auf die Erlebnisse in ihren Familien ein. Dadurch
wurde zwar keineswegs die geschichtspolitische Diskussion beendet, sehr
wohl aber wurde durch die Verlagerung der Debatte auf die Ebene der
Familiengeschichten der Antagonismus von Lüge und Wahrheit überwunden.[21] Dieses „Erzählen von Geschichten" könnte interpretiert werden als Hinwendung zu jenem Umgang mit der Vergangenheit, der sich
als „Erinnerungskultur" bezeichnen lässt. In der Bundestagsdebatte do-
minierten schließlich die Erinnerungen, um die sich in den vergangenen
Jahren in Deutschland ein eigenes Forschungsfeld entwickelt hat. Ent-
lang der Begriffe von „Erinnern" und „Vergessen" fragt eine neue
Gedächtnisforschung danach, wie und was eine Gesellschaft erinnert und
was sie vergisst, weil dadurch das „kollektive Gedächtnis" geprägt wird
und die Menschen in ihrem Handeln für Gegenwart und Zukunft geleitet werden. Allen voran Jan Assmann hat mit zahlreichen Publikationen
die Erforschung dieses neuen „Paradigmas der Kulturwissenschaften"
inspiriert.[22]

Vor allem anhand von Denkmälern lassen sich diese neuen Aspekte
empirisch umsetzen, Arbeiten über solche „Erinnerungsorte" haben
Hochkonjunktur:[23] Die Neue Wache in Berlin, das Hermannsdenkmal
im legendenumwobenen Teutoburger Wald nahe Detmold[24] oder Kaiser
Wilhelm I. hoch zu Ross auf dem Deutschen Eck in Koblenz wurden
inzwischen als „Orte des Gedächtnisses" begehrte Objekte innovativer
Forschung.[25] So entsteht durch die Arbeit an diesen „Deutschen
Erinnerungsorten" sukzessive eine Landkarte des kollektiven Bewusstseins.
Heute kommt keine Ausstellung, die sich auf der Höhe der Zeit wähnt,
ohne Hinweise auf das kollektive Gedächtnis aus. Selbst im Katalog der
im Jahr 2000 gezeigten Ausstellung zum 100-jährigen Bestehen des Deutschen Fußball-Bundes in Oberhausen findet sich ein (übrigens vorzügli-

cher) Beitrag über „Spielweisen der Erinnerung", über „Fußball und Gedächtnis".[26] Selbst entschiedene Mitstreiter der Gedächtnisforschung haben inzwischen den Eindruck, dass diese zuweilen obsessive Züge angenommen hat.[27]

Doch mit zunehmender Zahl der Studien – die in ihrer Mehrzahl den methodischen und theoretischen Horizont der deutschen Geschichtswissenschaft enorm erweitert haben – werden zugleich die Grenzen einer „Erinnerungskultur" deutlich: Geschichte und Erinnerung sind nun einmal nicht identisch, eine Geschichte der Erinnerungen segmentiert die vielschichtige Vergangenheit in einzelne Aspekte – aus *Geschichte* werden *Geschichten*.[28] Als solche können sie durchaus interessant, spannend oder lehrreich sein, ein erklärendes Bild früherer Zeiten zeichnen sie indes nicht. Die überraschende deutsche Einheit ist dafür ein eindrucksvolles Beispiel. Erzählen ließen sich hier viele *Geschichten*; die Wut und die Ängste der ostdeutschen Demonstranten im Herbst 1989 etwa, die erstaunliche Fassungslosigkeit der SED-Führer oder die divergierenden Zukunftsentwürfe westdeutscher Politiker – die unterschiedlichen Erinnerungen kennen wir inzwischen aus diversen Dokumentationen, aus Interviews oder Autobiographien. Doch sie alle können für sich genommen *die Geschichte* der deutschen Einheit nicht beschreiben. Denn notwendig dafür bleibt immer eine Kontextualisierung historischer Ereignisse, Strukturen und Prozesse. Diese stehen eben nicht vereinzelt da inmitten einer unübersichtlichen vergangenen Wirklichkeit, sie sind vielmehr miteinander korrespondierende Resultate ihrer spezifischen Vergangenheit, Ausdruck ihrer Gegenwart und Indikatoren für die Zukunftserwartungen ihrer Zeit.

Entsprechendes gilt für die Geschichte der Wehrmacht. Es lässt sich leicht ausmalen, was geschehen würde, wenn man die Erforschung der Wehrmachtsverbrechen im Zweiten Weltkrieg allein auf den Erinnerungen der ehemaligen Soldaten aufbaute, vielleicht sogar auf denen derjenigen, die während der Hamburger Ausstellung auf den Markplätzen der Republik lauthals die „historische Wahrheit" für sich beanspruchten. Gleiches gilt für die während der Bundestagsdebatte präsentierten Erinnerungen aus deutschen Soldatenfamilien. Erzählt wurde von Vätern und Brüdern, die nicht in Wehrmachtsverbrechen verstrickt waren – wobei zusätzlich vorausgesetzt werden muss, dass dies auch wirklich zutrifft und diese Männer ihre Familien in dieser Frage nicht angelogen haben oder sich ihr Verhalten als ein „kommunikatives Beschweigen" im Sinne Hermann Lübbes beschreiben ließe. Aus der *Geschichte* der Wehrmacht und ihren möglichen Verbrechen wurden *Geschichten* deutscher Soldaten, die weithin frei von Schuld geblieben sind.[29] Der heftige Streit um die „historische Wahrheit" und den emotionalen Vorwurf der Lüge, der die Debatte im Deutschen Bundestag anfangs bestimmt hatte, war dadurch längst überwunden, indem die Redebeiträge von der Geschichte zur Erinnerung übergingen. Zwar blieb diese solchermaßen öffentlich verhandelte Familiengeschichte Gegenstand von Geschichtspolitik, weil ihre Verhandlung weiterhin politischen Interessen folgte, dennoch war die zentrale Auseinandersetzung über die Verbrechen der Wehrmacht und deren angemessene Darstellung durch die Hamburger Ausstellung beendet: Die Spannung zwischen der Feststellung „Das ist die Wahrheit" und der Frage „Was ist die Lüge?" hatte sich aufgelöst.

In einer „Erinnerungskultur" ist die Formulierung des Lügenvorwurfs nur schwer möglich, weil in deren „historischer Wahrheit" vermeintlich unendlich viel Raum ist für unendlich erscheinende Erinnerungen an vergangene Zeiten. Weil alle Erinnerungen zunächst einmal als „wahr" erscheinen - weil sie subjektiv erinnert werden -, werden andere - möglicherweise widersprechende - Erinnerungen nicht automatisch als unwahr deklariert. Kommen bislang unbekannte Erinnerungen zum Kanon der bereits dokumentierten hinzu, erweitern sie lediglich die Zahl der *Geschichten*, ohne dass sie notwendigerweise die *Geschichte* ergänzen oder etwa korrigieren. Denjenigen Historikern, die gleichwohl um ein Urteil ringen, die sich die Fiktion einer „historischen Wahrheit" erhalten und Falsches, Unwahres oder Erschwindeltes auch weiterhin als Lüge brandmarken wollen, macht das vermeintliche Veto der so populären Erinnerungen die historiographische Arbeit schwer.

Epilog – Bilder die lügen?

Am 4. November 1999 erklärte das Hamburger Institut für Sozialforschung und der für die Ausstellung inzwischen zuständige Förderverein ein Moratorium von mindestens drei Monaten, in der die Ausstellung

weder im Inland noch im Ausland gezeigt werden sollte. Dieser Erklärung war eine heftige öffentliche Diskussion um die Echtheit beziehungsweise richtige Zuordnung einiger Bilder in der Ausstellung vorausgegan-
gen.[30] Jetzt stand der schwerwiegende Vorwurf im Raum, dass einige der
zahlreichen Fotos, die in der Konzeption der Ausstellung eine wichtige
Rolle spielten, „logen": nicht weil sie etwa gefälscht worden wären, sondern weil sie durch unzureichende oder sinnentstellende Bildunterschrif-
ten ein historische Authentizität suggerierten, die es in Wahrheit so nicht
gegeben habe. So würden einige Abbildungen Opfer des sowjetischen
Geheimdienstes NKWD und nicht, wie angegeben, solche der SS oder
der Wehrmacht zeigen. Im Zusammenhang mit der nun diskutierten
Überarbeitung der Materialien stand auch die Demission des Aus-
stellungsinitiators und -machers Hannes Heer im August 2000.

Doch während die Verantwortlichen für die Ausstellung einer Kommission die Überprüfung ihres Projekts anvertrauten, wurde deutlich,
dass die Kritiker die umstrittene Zuordnung der Bilder dazu nutzen, das
gesamte Vorhaben zu diskreditieren. So musste sich der ungarische Historiker Krisztián Ungváry attestieren lassen, er habe sich eindeutig in
den Dienst jener gestellt, „denen es nur darum zu tun war, die Wehrmacht von Verbrechen weißzuwaschen".[31] Bogdan Musial, der maßgeblich die Verwendung einiger Bilder kritisiert hatte, nutzte die Gelegenheit
zur Einschätzung, „dass die Wehrmachtsausstellung kontraproduktiv für
den aufklärerischen Umgang mit der NS-Vergangenheit ist. Die Ausstellung hat in der öffentlichen Debatte über die NS-Herrschaft nachhaltiger
geschadet als alle Versuche von Ewiggestrigen und derjenigen, die einen
Schlussstrich ziehen und vergessen wollen."[32]

Statt der ursprünglich geplanten drei Monate, die für die Überprüfung
der Wehrmachtsausstellung vorgesehen waren, dauerte es schließlich über
ein Jahr, ehe die eingesetzte Kommission aus acht renommierten Wissenschaftlern ihren abschließenden Bericht vorlegte. Dessen Ergebnis war
differenziert, und so konnten die ersten Reaktionen in der Presse auch
unterschiedlich ausfallen: Die „Frankfurter Allgemeine" titelte „Kritik an
der Ausstellung über Wehrmacht 'in Teilen berechtigt'"[33], während die
„Süddeutsche Zeitung" die Nachricht überschrieb: „Historiker entlasten
Wehrmachtsausstellung".[34] Tatsächlich hatte die Kommission zwar sach-
liche Fehler sowie „Ungenauigkeiten und Flüchtigkeiten bei der Verwen-

dung des Materials" festgestellt, aber zugleich erklärt, dass die Ausstellung „jedoch keine Fälschungen im Sinne der leitenden Fragestellungen und Thesen" enthalte. Insgesamt müsse den Ausstellungsmachern „die Intensität und Seriosität" der von ihnen geleisteten Quellenarbeit bestätigt werden. Trotz der Einschränkung, dass teilweise zu pauschal argumentiert wurde, kam der Bericht zu dem Fazit: „Dessen ungeachtet bleiben die Grundaussagen der Ausstellung über die Wehrmacht und den im 'Osten' geführten Vernichtungskrieg der Sache nach richtig."[35] Gleichwohl entschloss sich das Hamburger Institut für Sozialforschung im November 2000 aufgrund dieses Kommissionsberichts sowie ergänzender Überlegungen im Institut dazu, eine Neukonzeption der Ausstellung vorzunehmen und es nicht bei einer bloßen Überarbeitung zu belassen.[36]

Anmerkungen

1   Plenarprotokoll 13/163 Deutscher Bundestag, Stenographischer Bericht, 163. Sitzung, Bonn, Donnerstag den 13. März 1997. Die folgenden Zitate werden nicht gesondert belegt, sie entstammen sämtlich diesem offiziellen Protokoll. Dieses kann als Angebot des Deutschen Bundestags unter anderem im Internet eingesehen werden unter: http://dip.bundestag.de/parfors/parfors.htm.

2   Vgl. Helmut Dubiel: *Niemand ist frei von der Geschichte. Die nationalsozialistische Herrschaft in den Debatten des Deutschen Bundestages*, München/Wien 1999, hier der Abschnitt *Stimmen des Anfangs*, S. 37-42.

3   Ebd., S. 46 f. Dubiel verdeutlicht dies an einer Parlamentsrede Konrad Adenauers aus dem Jahr 1953, in der er sich in demonstrativer Einseitigkeit für Hafterleichterungen der in Spandau einsitzenden Kriegsverbrecher ausgesprochen, aber kein Wort über die Toten oder die unter Kriegs- und Lagerfolgen noch leidenden Opfer des NS-Staates gefunden hatte.

4   Norbert Frei: *Vergangenheitspolitik. Die Anfänge der Bundesrepublik und die NS-Vergangenheit*, München ²1997, S. 401.

5   Ebd., S. 29.

6   Dubiel, *Debatten*, S. 275.

7   Hermann Lübbe: *Der Nationalsozialismus im deutschen Nachkriegsbewusstsein*, in: *Historische Zeitschrift* 236 (1983), S. 579-599, hier S. 594.

8   Marcel Reich-Ranicki: *Mein Leben*, Stuttgart 1999, S. 460.

9 Vgl. den programmatischen Titel von Christopher R. Browning: *Ganz normale Männer. Das Reserve-Polizeibataillon 101 und die „Endlösung" in Polen*, Reinbek 1993.

10 Verhandlungen des Deutschen Bundestages, I. Wahlperiode 1949, Stenographische Berichte Bd. 6, Sitzung vom 5. April 1951. Im Verlauf der Debatte hatte Adenauer mit Blick auf das Los der deutschen Kriegsgefangenen erklärt (S. 4984): „Die Kriegsverbrecher, diejenigen, die wider die Gesetze der Menschlichkeit oder gegen die Regeln der Kriegsführung verstoßen haben, verdienen nicht unser Mitleid und unsere Gnade. Wenn ich eben davon gesprochen habe, daß die Bundesregierung alles tut, was in ihrer Macht steht, so kann sie sich natürlich nicht für diejenigen einsetzen, die wirklich schuldig sind. Aber der Prozentsatz derjenigen, die wirklich schuldig sind, ist so außerordentlich gering und so außerordentlich klein, daß – das möchte ich auch in diesem Zusammenhang sagen – damit der Ehre der früheren deutschen Wehrmacht kein Abbruch geschieht."

11 Vgl. dazu auch das anschließende Interview mit Hans Mommsen.

12 Klaus Naumann: *Die „saubere" Wehrmacht. Gesellschaftsgeschichte einer Legende*, in: *Mittelweg 36*, 7. Jg., August/September 1998, S. 8-18, hier S. 8.

13 Jan Philipp Reemtsma: *Die wenig scharf gezogene Grenze zwischen Normalität und Verbrechen – Rede zur Eröffnung der Wehrmachtsausstellung in der Frankfurter Paulskirche*, in: *Frankfurter Rundschau*, 15. April 1997. Abgedruckt in Heribert Prantl (Hg.): *Wehrmachtsverbrechen. Eine deutsche Kontroverse*, Hamburg 1997, S. 187-199.

14 Herbert Riehl-Heyse: Art. *Die Geister einer Ausstellung. Mit welchen Reflexen alte Kameraden und CSU-Politiker eine wissenschaftliche Schau über die lange verdrängte Rolle der Wehrmacht abwehren wollen*, in: *Süddeutsche Zeitung*, 27. Januar 1997. Abgedruckt in Prantl, *Wehrmachtsverbrechen*, S. 236-243.

15 Edgar Wolfrum: *Geschichtspolitik in der Bundesrepublik Deutschland 1949-1989. Phasen und Kontroversen*, in: Petra Bock/Edgar Wolfrum (Hg.): *Umkämpfte Vergangenheit. Geschichtsbilder, Erinnerung und Vergangenheitspolitik im internationalen Vergleich*, Göttingen 1999, S. 55-81, hier S. 56.

16 Edgar Wolfrum: *Geschichtspolitik in der Bundesrepublik Deutschland. Der Weg zur bundesrepublikanischen Erinnerung 1948-1990*, Darmstadt 1999. Darin bietet Wolfrum eine Skizze mit zehn Punkten, um das Forschungsthema Geschichtspolitik zu umreißen (S. 25-32). Vgl. überdies Peter Reichel: *Politik mit der Erinnerung. Gedächtnisorte im Streit um die nationalsozialistische Vergangenheit*, München/Wien 1995.

17 Heribert Prantl: Art. *Gegensätzliche Ansichten über die Wehrmacht*, in: *Süddeutsche Zeitung*, 18. April 1997.

18 So in Prantl *Wehrmachtsverbrechen*, S. 95-148; sowie Hans-Günther Thiele (Hg.): *Die Wehrmachtsausstellung. Dokumentation einer Kontroverse*, Bonn 1997, S. 170-219 (inklusive der Sitzung vom 24. April 1997). Im letzten Band finden sich auch die vier unterschiedlichen Entschließungsanträge, die der Debatte zugrunde lagen (ebd., S. 220-223).

19 Zu Begriff und Funktion der Pauschalisierungslüge in Anlehnung an die Typologie von W. G. Becker vgl. Abschnitt 3 des Beitrag von Arnd Hoffmann in diesem Band.

20 Abweichend davon sprach allerdings der PDS-Abgeordneten Gerhard Zwerenz mit Blick auf den massenhaften Mord an russischen Kriegsgefangenen von dem Skandal, „sich um diese furchtbaren Wahrheiten herumzuschwindeln".

21 Vgl. dagegen Jan Philipp Reemtsmas Einschätzung der Bundestagsdebatte aus einer anderen Perspektive. Er ging dabei von einem Urteil Hannah Arendts aus dem Jahr 1950 aus, für die der „hervorstechendste und erschreckenste Aspekt der deutschen Realitätsfremdheit" in der Haltung lag, „mit Tatsachen so umzugehen, als handele es sich um bloße Meinungen". Die Qualifizierung des deutschen Vernichtungskrieges als einer historisch beispiellosen Entgrenzung von Gewalt „ist keine Meinungsäußerung", so übertrug Reemtsma diese Beobachtung Arendts auf die aktuelle Diskussion, „sondern eine Tatsachenfeststellung". Und diese Tatsachen verlangten – und erhielten schließlich – ihr Recht: „Die Bundestagsdebatte über die Ausstellung hat gezeigt, wie auf einmal das Erzählen von Geschichten Oberhand gegen das Austauschen von Meinungen gewann, und mit den Geschichten gewannen die Tatsachen – wie sie erinnert worden waren – die Aufmerksamkeit zurück, die ihnen zuvor verweigert worden war." Reemtsma, *Normalität und Verbrechen*, in: Prantl, *Wehrmachtsverbrechen*, S. 192.

22 Vgl. einführend Jan Assmann: *Das kulturelle Gedächtnis. Schrift, Erinnerung und politische Identität in frühen Hochkulturen*, München 1997 und zuletzt: *Religion und kulturelles Gedächtnis. Zehn Studien*, München 2000. Auf die soziale Basis des Gedächtnisses hat früh Maurice Halbwachs hingewiesen, vgl. *Das Gedächtnis und seine sozialen Bedingungen*, ND Frankfurt/Main 1985 sowie *Das kulturelle Gedächtnis*, Frankfurt/Main 1985.

23 Vgl. dazu Reinhart Koselleck: *Kriegerdenkmale als Identitätsstiftung der Überlebenden*, in: Odo Marquard/Karl-Heinz Stierle (Hg.): *Identität*, München 1979, S. 255-275.

24 Andreas Dörner: *Politischer Mythos und symbolische Politik. Der Hermannsmythos: Zur Entstehung des Nationalbewußtseins der Deutschen*, Reinbek 1996.

25 Zum Phänomen der Gedächtnisorte vgl. Pierre Nora: *Zwischen Geschichte und Gedächtnis: Die Gedächtnisorte*, in ders.: *Zwischen Geschichte und Gedächtnis*, Berlin 1990, S. 11-33.

26 Ulrich Borsdorf/Heinrich Theodor Grütter: *Spielweisen der Erinnerung. Fußball und Gedächtnis*, in: Franz-Josef Brüggemeier, Ulrich Borsdorf und Jürg Steiner: *Der Ball ist rund. Die Fußballausstellung*, Essen 2000, S. 48-52.

27 Aleida Assmann: *Erinnerungsräume. Formen und Wandlungen des kulturellen Gedächtnisses*, München 1999, S. 17 f.

28 Vgl. auch Lucian Hölscher: *Erinnern und Vergessen. Vom richtigen Umgang mit der nationalsozialistischen Vergangenheit*, in: Ulrich Borsdorf/ Heinrich Theodor Grütter (Hg.): *Orte der Erinnerung. Denkmal, Gedenkstätte, Museum*, Frankfurt/Main 1999, S. 111-127.

29 An dieser Stelle muss Christa Nickels' Beschreibung der SS-Mitgliedschaft ihres Vaters ausdrücklich ausgeklammert werden.

30 Bogdan Musial: *Bilder einer Ausstellung. Kritische Anmerkungen zur Wanderausstellung „Vernichtungskrieg. Verbrechen der Wehrmacht 1941 bis 1944"*, in: *Vierteljahrshefte für Zeitgeschichte* 47 (1999), S. 563-591 sowie Krisztián Ungváry: *Echte Bilder – problematische Aussagen. Eine quantitative und qualitative Analyse des Bildmaterials der Ausstellung „Vernichtungskrieg. Verbrechen der Wehrmacht 1941 bis 1944"*, in: *Geschichte in Wissenschaft und Unterricht*, 10 (1999), S. 584-595.

31 Johannes Wilms: Art. *Ich hatt' einen Kameraden. Reemtsma trennt sich von dem Ausstellungsmacher Hannes Heer*, in: *Süddeutsche Zeitung*, 14./15. August 2000. S. 13.

32 Bogdan Musial: *Die Rechten und die Selbstgerechten. Warum die Wehrmachtsausstellung der guten Sache mehr geschadet als genutzt hat*, in: *Süddeutsche Zeitung*, 25. November 1999, S. 15.

33 *Frankfurter Allgemeine*, 16. November 2000, S. 1.

34 *Süddeutsche Zeitung*, 16. November 2000, S. 1.

35 *Presserklärung der Kommission zur Überprüfung der Ausstellung „Vernichtungskrieg. Verbrechen der Wehrmacht 1941 bis 1944" (Frankfurt am M., 15.1.2000, 11.00 Uhr)*; http://www.his-online.de/presse/Presseerklaerung_Kommission.pdf (30.11.2000).

36 *Hamburger Institut für Sozialforschung stellt die Prinzipien der Neukonzeption der Ausstellung über den Vernichtungskrieg vor (Pressmitteilung*

vom 23. November 2000); htt.//www.his-online.de/presse/pm23112000.htm (30.11.2000) sowie ausführlicher: Jan Philipp Reemtsma: *Zur Neukonzeption der Ausstellung „Vernichtungskrieg". Folgerungen aus dem Bericht der Kommission* (vom 23. November 2000); htt.//www.his-online.de/presse/zur_neukonzeption.pdf (30.11.2000).

„Ein zähes Bohren harter Bretter."
Ein Interview mit Prof. Dr. Hans Mommsen über seine Erfahrungen mit Geschichtswissenschaft, Fälschungen und Lügen

Als prominentestes Beispiel für eine zeithistorische Lüge gilt die sogenannte „Auschwitzlüge" ...

Nun ist die Auschwitzlüge eigentlich keine Lüge. Eine Lüge ist doch etwas ganz anderes. Eine Lüge ist es, wenn man bewusst versucht, nicht den wahren Hergang erkennen zu lassen. Die nachträgliche Leugnung von historischen Fakten allein ist im Grunde genommen keine Lüge. Dass die Presse daraus den Begriff der Lüge gemacht hat, heißt nur, dass sie kein Deutsch kann. Wenn ich sage, Auschwitz hat nicht existiert, ist das doch keine Lüge, sondern ein Leugnen der Wahrheit. Zudem bin ich nicht sehr glücklich über die legislative Festlegung dessen, was man Auschwitzlüge nennt, weil es meiner Ansicht nach in keiner Weise hilft, die Mentalität zu überwinden, die hinter der Leugnung des Auschwitzzusammenhangs steht.

Sind Sie während der Jahrzehnte Ihres Berufslebens als Historiker in der Öffentlichkeit mit der Leugnung von Auschwitz und damit des Holocaust konfrontiert worden?

Zumindest geschieht das nicht in dieser brutalen Weise. Sie erfahren solche Versuche beispielsweise - um einmal von der Auschwitzlüge abzusehen - bei der Diskussion um den Widerstand gegen den Nationalsozialismus in Form von Propagandabehauptungen der äußersten Rechten. Aber spontane Leugnungen von Sachverhalten erfahre ich natürlich auch, allerdings nicht so sehr in Deutschland. Ich habe so einen Fall neulich in Australien erlebt: Einer der Herrschaften der Rechtsextremisten kam und trug die klare Verleugnung von Auschwitz vor - den haben wir dann sehr schnell aus der Veranstaltung herauskatapultiert. Doch meistens erleben Sie das nicht so spontan, was es auch schwieriger macht.

„Es hat 40 Jahre gedauert, um die Reichstagsbrand-Legende einigermaßen aus der Welt zu schaffen."

Zur Rolle der Geschichtswissenschaft: Sie haben im Zusammenhang mit der Reichstagsbrand-Kontroverse[1] einmal Ihre Zweifel formuliert an einer Geschichtswissenschaft, die sich aus ideologischen Gründen oder aus Bequemlichkeit nicht intensiv genug den Quellen widmet, sondern sich angesichts unterschiedlicher Positionen darauf zurückzieht, irgendwo in der Mitte werde schon die Wahrheit liegen. Wie groß ist denn Ihr Zutrauen zur Geschichtswissenschaft, in einem öffentlichen Diskurs solchen „leugnerischen Unternehmungen" zu begegnen?

Mein Vertrauen in die Fähigkeit der Geschichtswissenschaft, sich durchzusetzen? Gering. Es hat 40 Jahre gedauert, um die Reichstagsbrand-Legende einigermaßen aus der Welt zu bekommen, weil sie bestimmten dominanten Tendenzen in der öffentlichen Meinung und der Geschichtsschreibung entsprach, in diesem Falle der Vorstellung, einen möglichst starken Diktator erlegen zu sein, wodurch dann indirekt die Mitverantwortung sowohl der Konservativen wie der Kommunisten zurückgeht. Das war im Zusammenhang mit der Totalitarismustheorie der tiefere Grund, der es unmöglich machte, diesen Kriminalfall sachgerecht zu verhandeln. Des weiteren gehört die Moralisierung dieser Angelegenheit dazu. Ich erntete bittere Vorwürfe, mit der Alleintäterschaftstheorie den Nationalsozialismus – ich zitiere dies – zu „verharmlosen".

Sie haben die Reichstagsbrand-Kontroverse einmal als ein Schattenboxen angesichts einer nicht überwundenen politisch-moralischen Desorientierung des nationalen Selbstverständnisses der Deutschen bezeichnet.

Hier bestand natürlich eine besondere Schwierigkeit: Vor 1945 wurde mit der Formulierung „Wenn das der Führer wüsste" und damit dem Vorbehalt, dass er dann anders gehandelt hätte, Hitler als Symbol der nationalen Identität von den Schuldvorwürfen ausgeklammert. Nach 1945 hat sich dies aus psychologischen Gründen um 180 Grad verkehrt: Jetzt wurde jeder Schritt, der Hitler aus der Schusslinie etwas herausnahm, sofort mit einem moralischen Verdikt beantwortet.

Im Zusammenhang mit der Reichstagsbrand-Kontroverse wurde ja versucht, Ihre wissenschaftliche Kompetenz in Frage zu stellen, Sie - wenn man so will - als Lügner darzustellen. Wie fühlt man sich, wenn man als junger Historiker so bezeichnet wird?

Ja - so sagt man das natürlich nicht. Sondern man hat versucht nachzuweisen, dass ich die Quellen unzureichend oder falsch interpretiert habe. Dieser Vorwurf hat sich quer durch die Diskussionen gezogen, ohne dass er je wirklich verifiziert worden ist. Dass ich absichtsvoll - das gehört ja zum Begriff des Lügens - Akten verleugnet hätte, die die wahre Urheberschaft des Reichsstagsbrandes aufdecken würden, haben doch nur ganz wenige im Zusammenhang mit dieser Debatte behauptet.

Aber Sie haben schon die Erfahrung innerhalb der Geschichtswissenschaft gemacht, dass Kollegen Sie doch frontal mit diesem Vorwurf konfrontiert haben.

Es ist so, dass meine Auffassung - wie Golo Mann damals erklärt hat - volkspädagogisch höchst unwillkommen war, und es gab immer wieder Kritik an meiner Tendenz, Hitler nicht ständig als Zentralfigur des „Dritten Reiches" hinzustellen - aus dem zuvor beschriebenen psychologischen Mechanismus heraus. Dass diese Vorgänge schließlich auch die Karriere betrafen, ist ja ganz klar. Bei der damaligen Berufungskommission in Berlin, wo einige meiner Kollegen die Absicht hatten, mich anstelle von Ernst Nolte zu berufen, und wo ich dann auf den zweiten Platz geriet, ist meine Interpretation des Reichstagsbrands gegen mich ins Feld geführt worden. Schlimmer jedoch erging es Fritz Tobias[2]. Kein geringerer als Walther Hofer versuchte den Herrn Innenminister des Landes Niedersachsen zu veranlassen, dessen Degradierung durchzusetzen oder zumindest eine weitere Beförderung in dessen Beamtenlaufbahn zu verhindern. In diesem Fall ist mit massiven Mitteln gearbeitet worden. Ich war nicht ganz so sehr in der Schusslinie, aber natürlich gab es schon Gründe, warum ich dann erhebliche Schwierigkeiten hatte und es ja auch nicht geschafft habe, etwa in den Beirat des Instituts für Zeitgeschichte aufgenommen zu werden. Selbstverständlich können sie solche Zusammenhänge nicht direkt festmachen, sie lassen sich nur mittelbar zeigen.

Aber natürlich war diese Außenseiterposition, die ich zusammen mit Tobias vertreten habe, ein Anlass, mich relativ scharf anzugreifen und auch auszugrenzen. Allerdings war in der damaligen Nachwuchssituation diese Seilschaft schließlich nicht erfolgreich, und als Ordinarius hat man schließlich einen etwas größeren Handlungsspielraum. Aber wenn Sie fragen, wie es bei wissenschaftlichen Institutionen und der Mitgliedschaft darin aussieht, dann sieht man, dass es eine deutliche Gegenbewegung gegeben hat.

„Der deutschen Zeitgeschichte mangelt es an einer Kritik der Quellen."

Ein bekannter Fall von „Geschichtslüge" ist der Fall Wilkomorski. Raul Hilberg sagte dazu, es überrasche ihn eigentlich nicht, dass so etwas passiert sei. Schließlich gebe es zwar das Ethos, die Geschichte aus der Perspektive der Opfer mit jüdischen Quellen zu schreiben, diese lägen aber nur in begrenzter Zahl vor. Er glaubt, es werden mit dem Aussterben der Opfergeneration immer mehr solcher „Geschichten aus zweiter Hand" oder eben erfundene Erinnerungen auftauchen.

Das zentrale Problem für die Historiker besteht darin, dass in diesem Fall eine falsche Authentizität behauptet wird. Sonst ist so etwas literarisch vollkommen legitim, und dann kann man immer noch über den historischen Wert solcher sekundären Quellen diskutieren. Also ich würde das nicht so schrecklich hochhängen; ich habe nur immer die Sorge, dass eine mangelnde quellenkritische Behandlung in kontroversen zeitgeschichtlichen Problemfeldern Folgen haben kann, die die Glaubwürdigkeit der Zeitgeschichtsforschung als Ganzes in Frage stellen. Deshalb habe ich auch in meinem Lebenswerk – so kann ich das ja jetzt schon nennen – sehr viel Energie darauf verwandt, zuverlässige Editionen des deutschen Widerstandes herauszubringen. In den frühen 50er Jahren mussten wir vielfach mit Quellen arbeiten, die zwar dem damaligen Geschichtsbild entsprachen, aber dem Vorwurf nicht standhielten, unter tendenziösen Gesichtspunkten verfälscht oder verändert worden zu sein. Das galt für die ursprünglichen Hassel-Tagebücher[3], das gilt für die immer noch nicht vollständig gedruckten Kaltenbrunner-Berichte und eine ganze Menge weniger bekannter Primärdokumente. Hier ist in der Tat zu befürchten, dass – wenn dies von der Geschichtswissenschaft nicht ausgeräumt wird – durch eine nächste Generation dann die positiven Bewertungen des Widerstandes derselben Geschichtswissenschaft in Zweifel gezogen werden könnte.

Ein anderes Problem liegt in der merkwürdigen Erscheinung, dass die deutschen Zeithistoriker fast überhaupt keine Quellenkritik im Sinn des Ausschließens von Fälschungen betrieben. Dabei existierten eine Fülle problematischer Quellen. Spektakulär ist das so genannte Engels-Tagebuch, dessen faktischen Fälschungscharakter David Irving nachgewiesen hat. Es lag auf der Hand, dass dieses Schriftstück erst nach 1945 aufgrund von Notizen des Majors Engel verfasst worden war; aber dies ist erst von David Irving herausgestellt worden, der hässlicherweise 1.000 Dollar für denjenigen ausschrieb, der nachweisen könne, dass dieses Stück echt sei.

Es ist natürlich nicht untypisch, dass Fälschungen in kontroversen Feldern der Zeitgeschichte vorkommen, doch dies geschieht durchaus auch in anderen Zusammenhängen. Ich erwähne gerne die Geschichte der „Gelehrten Fälscher" am Mittelrhein, die glaubten, die Geschichte in ihrem Sinn rekonstruieren zu können, und die dementsprechend eine Fülle von Urkunden rekonstruierten – das heißt: erfanden! – die im Laufe der Jahrhunderte verloren gegangen waren. Diese haben sie dann dem mittelrheinischen Urkundenbuch einverleibt. Gute Mediävisten sind in Bezug auf Quellenkritik besser trainiert als die Neuzeithistoriker, die in Deutschland häufig so unpolitisch sind, dass sie die politischen Intentionen von Fälschungen nicht bemerken.

Warum entwickelt denn die Zeitgeschichtsforschung im Gegensatz zu den Mediävisten so wenig Aufmerksamkeit für die Frage nach der Echtheit von Quellen auf? Reicht die von Ihnen angedeutete politische Naivität als Erklärung aus oder handelt es sich um handwerkliche Schwächen der deutschen Zeitgeschichtsforschung?

Zunächst sind deutliche handwerkliche Schwächen vorhanden. Diese resultieren möglicherweise aus dem Umstand, dass man zunächst daran ging, die Geschichte des „Dritten Reiches" anhand der Nürnberger Dokumente und der erreichbaren autobiographischen Aufzeichnungen zu erklären, bevor dann nach 1967 der Zugang zu den amtlichen Akten erfolgte. Dieser Wandel der Quellenlage zog einen gewissen Bruch in der Geschichtsschreibung nach sich. Die Funktionalisten waren diejenigen Historiker, die dann die Geschäftsschriftgänge wirklich nachzuvollziehen suchten und dadurch zu einem anderen Bild gelangten als die vorausgehende Forschung, die immer nur punktuelle Einzeldokumente analysierte. Aber auch da gab es Probleme. Die berühmte Hoßbach-Niederschrift[4], die man ja gerne als Protokoll bezeichnet, die aber nie ein Protokoll war, ist dermaßen fragwürdig überliefert, dass man jedenfalls gut daran täte, darauf nicht die Gesamtinterpretation der Hitlerschen Außenpolitik aufzubauen. Das Original ist verloren, es gibt nur Abschriften aus der Zeit des Nürnberger Prozesses.

Um auf weitere Probleme einzugehen: Es ist natürlich ein gewisses Trauerspiel der deutschen Zeitgeschichtsschreibung, zu der ich selbst gehöre, dass nicht bemerkt worden ist, dass die bekannte Bevollmächtigung Heydrichs durch Hermann Göring am 31. Juni 1941, eine Übersicht über die künftige Endlösung der Judenfrage vorzulegen – ein Schritt, der immer als Reflex eines Führerbefehls interpretiert worden ist – nicht den üblichen Briefkopf des Chefs des Vierjahresplans oder des Vorsitzenden des Ministerrats für die Reichsverteidigung trägt, sondern ein Blankoformular ist. Daraus ergab sich, dass dieser Text von dem Adlatus von Heydrich, von Adolf Eichmann, aufgesetzt und von Göring nur unterschrieben worden sei und ein Rückschluss auf einen Führerbefehl unzulässig ist.

Ein anderes Beispiel ist der sogenannte „Korherr-Bericht". Richard Korherr war der SS-Statistiker, der über die Vernichtung des Judentums in den besetzten Gebieten des deutschen Herrschaftsbereichs vergleichsweise sorgfältig statistische Erhebungen angestellt hat. Himmler hatte angeordnet, er solle einen Bericht erstellen, den Himmler später Hitler vorlegen wollte. Diese Absicht ist auch klar erkennbar, weil der Text in der großen Schreibmaschinentype geschrieben ist, die Hitler bevorzugte, weil er in Gesellschaft keine Brille tragen wollte. Deshalb ist es ziemlich einfach, diejenigen Dokumente, die für den Führer bestimmt waren, äußerlich zu erkennen. Aber unabhängig davon hatten die bisherigen Forscher, obwohl sie relativ berühmte Namen tragen, nicht bemerkt, dass in den sogenannten Himmler-Files, also in den Restakten Himmlers, nicht der Durchschlag des Berichts liegt, sondern das Original. Daraus geht hervor, dass er nie abgesandt worden sein kann, und insofern geht der Versuch, Hitler mittels des Korherr-Berichts die präzise Kenntnis der quantitativen Resultate der Judenvernichtung zu unterstellen, bedauerlicherweise fehl. Das sind die Fälle, bei denen sich die deutsche Geschichtsschreibung hat belehren lassen müssen, größere Sorgfalt auf die Klärung der Echtheit beziehungsweise der Zugehörigkeit der Quellen zu verwenden.

Einen ganz anderen Aspekt in diesem Zusammenhang bilden die neuen Medien, die die Arbeit der Historiker in Zukunft wohl nachhaltig verändern werden. Befürchten Sie eine rapide Zunahme von Fälschungen und Leugnungen, und wird in Zukunft eine Faktizität unserer eigenen Gegenwart überhaupt noch möglich sein?

Was durch diese Medien zunächst einmal notwendigerweise auftaucht, ist die Massenhaftigkeit von Quellen. Nun ist dies ja kein spezifisch neuartiges Problem. Die Volkszählung des Landes Baden-Württemberg des Jahres 1950 hat so viel Papier produziert wie die gesamte Administration Friedrichs des Großen. Das heißt, die Historiker stehen ohnehin vor der Notwendigkeit, in hohem Maße selektiv Akten auszuwerten. Für die Archivierung der Akten und Geschäftsschriften ist das elektronische Medium und auch die Möglichkeiten des Films oder des Fiches natürlich eine ungeheure Hilfe, weil man auf diesem Wege sehr viel umfassendere Bestände erschließen kann, als das früher auf Papierbasis überhaupt möglich war. So ist die Auswirkung der elektronischen Medien ambivalent: Einerseits ermöglichen sie eine sehr viel bessere Überlieferung, andererseits entsteht natürlich auf dem Wege dieser leichten Kommunikationsmöglichkeiten noch sehr viel mehr Material, was extreme Anforderungen an den Archivar stellt, dieses selektiv aufzuheben. Noch schwieriger ist es jedoch, dass in bestimmten Bereichen der politischen Willensbildung oder anderer Willensbildungsprozesse die Überlieferung mager wird, weil sehr vieles telefonisch erledigt werden kann. Nun soll man diesen Umstand nicht überschätzen, denn auch im 19. Jahrhundert oder früher hat man nicht immer Niederschriften gemacht. Es muss nur klar sein, dass die historische Arbeit trotz aller elektronischer Medien letzten Endes der Texte bedarf. Insofern kann es sein, dass die Archivwissenschaft außeror-

dentlich modernisiert wird und sich die Geschichtswissenschaft selber im
wesentlichen gar nicht so sehr verändert.

Zum politischen Aspekt der historischen Leugnung: Einer der vorstehen-
den Beiträge widmet sich der Debatte um die „Wehrmachtsausstellung"
des Hamburger Instituts für Sozialforschung. Dabei zeigt sich, dass in
der politischen Auseinandersetzung um dieses Thema außerhalb der Dis-
ziplin rasch zum Vorwurf der Lüge gegriffen wird. Einerseits sprach man
von der „historischen Lüge" einer weitgehend unschuldigen Wehrmacht,
andererseits wurden den Ausstellungsmachern die Pauschalisierunglüge
oder Propagandalüge unterstellt – insgesamt unterschied sich die Diskus-
sion vom Ton und der Emotionalität her doch deutlich von den Beiträ-
gen der Fachdisziplin. Daraus ergibt sich die Frage, ob die Geschichtswis-
senschaft in solche Diskurse eingreifen muss oder ob sie die unterschied-
lichen Positionen und Gegensätzlichkeiten stehenlassen kann.

Diese Art der frontalen Provokation, wie sie aus politischen Gründen von
den Hamburgern nun einmal gewählt worden ist, entspricht nicht ganz
dem, was ich für langfristig erfolgreiche zeitgeschichtliche Aufklärung
halte, obwohl Jan Philipp Reemtsma zuzustimmen ist, dass es offenbar
härterer Bandagen bedurfte, um die Legende von der von den Verbrechen
des „Dritten Reiches" weitgehend ausgenommenen Wehrmacht beiseite
zu drängen. Dass sich aber an eine bewusst provokative Ausstellung
wieder solche Diskussionen anknüpfen, wie Sie angedeutet haben, ist
nicht verwunderlich und würde mich nicht besonders aufregen.

Ich denke, das, was versucht werden muss, hat sich ja auch in der
Walser-Bubis-Debatte gezeigt, oder in meinem Konflikt mit dem Herrn
Kollegen Dohnanyi. Wünschenswert ist, dass in Deutschland auch die
Medien mehr auf die Ergebnisse der Geschichtswissenschaft Rücksicht
nehmen und die weitgehende Ausklammerung der Fachwissenschaft aus
den öffentlichen Diskussionen zu historisch problematischen Gegenständen nach Möglichkeit reduziert wird. Dies ist aber das Resultat einer
generellen Enthistorisierung der deutschen Gesellschaft im Vergleich zu
westeuropäischen Gesellschaften und des unglaublich niedrigen Sozial-
prestiges, das hierzulande Historiker haben, so dass jeder mittlere Journalist mit etwas Beweglichkeit mühelos den Anspruch erhebt, die Arbeit

genauso gut zu machen wie die Historiker. Insofern befinden wir uns in Deutschland in dieser Frage vielleicht in einem weniger erquicklichen Zustand als etwa in Großbritannien, wo die Medien sehr viel stärker auf die Fachwissenschaft Rücksicht nehmen und damit natürlich auch der Anteil der Scharlatane im historischen Feld geringer wird.

Könnte man das auch umdrehen und sagen, dass die Geschichtswissenschaft in Deutschland nicht ausreichend den Zugang zu einem öffentlichen Markt findet?

Ich habe Schwierigkeiten mit dem immer wiederkehrenden Vorwurf, die deutschen Historiker schrieben langweilig, ihre Texte seien nicht gut zu lesen und dergleichen. Sicher ist daran etwas richtig. Vor allem die starke Tendenz zur immer weitreichenderen Spezialisierung führt dazu, dass bestimmte Vermittlungsfelder sowohl an die Naturwissenschaftler als auch die Journalisten abgetreten werden. Demgegenüber – wenn ich mir so vorstelle, wie viele gute jüngere Historiker wir haben, da ist es überhaupt nicht einzusehen, dass sie nicht auch die Aufgaben im Bereich der Medien ausfüllen könnten. Diese werden heute gelegentlich von Journalisten wahrgenommen, die sich mit den Sachen nur sehr oberflächlich oder gar nicht beschäftigen und mich dann schnell einmal anrufen und fragen: „Ach können Sie gerade mal sagen, wann Karl der Große geboren wurde?"

So etwas passiert?

Ja sicher. Das heißt, manche Journalisten sind so gebaut, dass sie nicht mal in der Lage sind, sich historisches Grundwissen durch die Benutzung von Handbüchern zu verschaffen.

„Das historische Bewusstein der neuen Bundesrepublik ist merkwürdig kurzatmig."

Noch einige Fragen zu der von Ihnen angesprochenen generellen Enthistorisierung der deutschen Gesellschaft: Gibt eine neue Qualität dieser Enthistorisierung in den vergangenen Jahren, etwa seit dem Regierungsantritt Gerhard Schröders, der aus dem Fenster des provisorischen

Kanzleramtes lieber das Berliner Schloss als den Palast der Republik sehen würde. Aber häufig wird Schröder – nicht immer ganz richtig – damit zitiert, dass es zu einer gewissen Normalität und einer neuen Debatte um die deutsche Vergangenheit kommen müsse. Gibt es eine neue Qualität der Enthistorisierung? Was befürchten Sie, was hoffen Sie mit Blick auf die Zukunft des historischen Denkens?

Was sich da abspielt, ist gewissermaßen ein Generationenbruch. Die älteren Generationen, die lebensgeschichtlich noch eine längere historische Perspektive besitzen, treten zurück, und so wird gelegentlich die Verarmung deutlich, die aber schon vorher eingetreten ist und nicht mit der Bildung des Kabinetts Schröder zusammenhängt, sondern überhaupt mit der relativen Rückläufigkeit – jetzt muss ich das präzisieren – nationalgeschichtlichen Wissens im Verhältnis etwa zu anderen westeuropäischen Völkern. Es ist ja in Deutschland so, dass selbst zentrale historische Elemente der Nationalgeschichte heute nicht mehr ohne weiteres abgefragt werden können. Selbst meine Ruhrgebietsstudenten aus Essen wissen nichts mehr von der Ruhrbesetzung 1923. Sie wissen nicht einmal, wo der damals umkämpfte Wasserturm steht – alles das ist vergessen.

Darüber will ich keine Klage führen, ich will auch keine Schelte des Geschichtsunterrichts betreiben, auf die immer sehr schnell zurückgegriffen wird. Ich erinnere mich an ein sehr schönes Seminar über die Auflösung der Monarchie in Österreich-Ungarn. Dabei haben wir das 19. Jahrhundert behandelt und den Berliner Kongress von 1878 erörtert, bei dem Bismarck bekanntlich eine europäische Schiedsrichterrolle spielte und die Entstehung eines Konflikts auf dem Balkan verhindern half. Aber der einzige Seminarteilnehmer, der den Berliner Vertrag präsent hatte, war eine junge Dame aus dem Kosovo, obwohl dieses Ereignis ein zentraler Bestandteil der Bismarckschen Politik war und einen gewissen Höhepunkt der schiedsrichterlichen Stellung des Deutschen Reiches im damaligen Europa markiert. Dieses Beispiel bringe ich immer wieder. Wir haben nicht zu klagen, aber wir müssen feststellen, dass das historische Bewusstsein der neuen Bundesrepublik merkwürdig kurzatmig ist.

Kommen wir noch einmal zurück zur „Lüge". Wir haben über Ihre Rolle in der Reichstagsbrand-Kontroverse gesprochen. Haben Sie einmal öffentlich einen Kollegen als Lügner bezeichnet, als Fälscher, als Leugner?

Natürlich habe ich darauf hingewiesen, dass der sehr angesehene Herr Hofer - mit lauter Ehrenpositionen in der Schweizer Politik - auch die Calic-Fälschungen[5] gedeckt hat. Insofern habe ich einen gewissen Vorwurf in Bezug auf die intellektuelle Integrität des Kollegen Walther Hofer erhoben. Die Tatbestände sind inzwischen so klar, dass darüber nicht mehr zu reden ist, was aber das Historische Seminar der Freien Universität Berlin nicht daran hinderte, noch im Jahr 1998 Herrn Walther Hofer zu einem Festvortrag einzuladen.

Abschließend noch eine Frage zur gesellschaftlichen Rolle der Geschichtswissenschaft, also nach ihrer aufklärerischen Durchsetzungskraft, die Sie als eher gering eingestuft haben. Wie kann und sollte sie mit dem Komplex von Lüge und Fälschung umgehen?

Die Geschichtswissenschaft pflegt meistens Dinge erst dann aufzuklären, wenn die Zeit dafür reif ist. Es gibt immer einige Historiker-Vorläufer, zum Beispiel Eckart Kehr[6], der sich mit der Flottenpolitik und dem Imperialismus beschäftigte. Kehr hat diesen historischen Zusammenhang schon früh beschrieben, aber so richtig hat die deutsche Öffentlichkeit diesen erst mit Fritz Fischer, also 25 Jahre später aufgenommen. Insofern hat die Geschichtswissenschaft eher die Funktion des Nachvollzugs solcher Entwicklungen und gleichzeitig die Aufgabe, die Bevölkerung über die relevanten historischen Vorgänge aufzuklären. Die Geschichtswissenschaft ist im Rahmen der Wissenschaften nicht die Avantgarde, was nicht heißt, dass es nicht ein paar Avantgarde-Historiker gibt, die aber tendenziell aus der Zunft herausfallen oder von der Öffentlichkeit einfach nicht gehört werden. Ein Beispiel: Als ich meinen Aufsatz über den deutschen Widerstand 1965 abgefasst hatte, klammerte ich bewusst die Haltung des Widerstands zur Judenfrage aus, weil das damals öffentlich nur unter schwersten Missverständnissen diskutiert werden konnte. Selbst heute - 30 Jahre danach - ist die Diskussion immer noch sensibel.[7]

Selbstverständlich hat die Geschichtswissenschaft eine aufklärerische Funktion. Wenn Sie etwa meine Rolle ansehen, hatte die Demontage des Mythos des demokratischen Widerstandes, die nur ziemlich schrittweise gelang, natürlich eine solche kritische Funktion. Und wenn Sie sich so die letzten Schriften von Joachim Fest zum Widerstand ansehen, hat man gelegentlich den Eindruck, dass diese Arbeit ergebnislos war, indem er auf die ältere Interpretation zurückgreift, wonach der Widerstand im wesentlichen ein Aufstand des Gewissens gewesen sei.

An diesem Beispiel sieht man, was die Geschichtsschreibung tun kann, aber dass es interessanterweise meistens mehrerer Generationen bedarf, bis sich solche Umschichtungen in das öffentliche Geschichtsbild umsetzen. Das kann man auch am Beispiel Fritz-Fischer-Debatte sehen: Es hat eben doch von den frühen 50er Jahren bis in die 80er Jahre gedauert, bis man endlich bereit war, die deutsche Mitschuld am Ausbruch des Ersten Weltkrieges als generelle Einsicht zu akzeptieren. Was die Rolle der Wehrmacht im „Dritten Reich" angeht, wird es ebenfalls noch einige Jahre dauern, bis sich die in der Forschung geläufige kritische Sicht durchsetzt. Dies zeigt der Konflikt über die „Wehrmachtsausstellung". Noch nach Jahrzehnten können an sich triviale Ergebnisse der Forschung gleichwohl noch weitgehende öffentliche Diskussionen und Kritik auslösen. Was Max Weber in seinem berühmten Aufsatz über die Politik konstatierte, ließe sich deshalb auch von der Geschichtswissenschaft sagen: dass sie nämlich ein zähes Bohren an harten Brettern ist und nicht der rasche Durchbruch zu neuen Weltsichten, den man sich als Historiker immer erträumt.

Prof. Dr. Hans Mommsen, geb. 1930 in Marburg an der Lahn, ist einer der herausragenden Zeithistoriker Deutschlands. 1968 wurde er zum ordentlichen Professor für Neuere Geschichte an die Ruhr-Universität Bochum berufen und blieb dort bis zu seiner Emeritierung 1996. Zu seinen zahlreichen Veröffentlichungen zählen neben der Überblicksdarstellung zur Weimarer Republik („Die verspielte Freiheit", Berlin 1989) zuletzt „Das Volkswagenwerk und seine Arbeiter im Dritten Reich" (zusammen mit Manfred Grieger, Düsseldorf 1996), seine Aufsatzsammlung „Von Weimar nach Auschwitz" (Stuttgart 1999) sowie seine Studien zur

Geschichte des deutschen Widerstandes („Alternative zu Hitler", München 2000).

Anmerkungen

1   Einen Überblick über diese Kontroverse bietet die Darstellung *Reichstagsbrand – Aufklärung einer historischen Legende* von Uwe Backes, Karl-Heinz Janßen, Eckhard Jesse, Hennig Köhler, Hans Mommsen und Fritz Tobias (München/Zürich 1986). Darin berichtet Mommsen auch über „Persönliche Erfahrungen" mit jener Kontroverse, „die meinen weiteren wissenschaftlichen Lebensweg kontinuierlich begleiten" sollten.

2   Fritz Tobias, der als Beamter im Dienst des Landes Niedersachsen stand, eröffnete mit seinem Buch *Der Reichstagsbrand. Legende und Wirklichkeit* von 1962 die Debatte um dieses historische Ereignis, wobei ihn Hans Mommsen bald mit seinem Artikel *Der Reichstagsbrand und seine politischen Folgen*, in: *Vierteljahrshefte für Zeitgeschichte* 12 (1964), S. 353-413 unterstützte.

3   Ulrich von Hassel (1881-1944), langjähriger Diplomat der Weimarer Republik und bis 1937 des „Dritten Reichs", als „Aussenminister" des bürgerlichen Widerstands nach dem Attentat vom 20. Juli 1944 verhaftet, zum Tode verurteilt und hingerichtet.

4   Als „Hoßbach-Niederschrift" gelten die Aufzeichnungen Friedrich Hoßbachs (1894-1980), seit 1934 Adjutant des Heeres bei Hitler. Darin notierte er eine Besprechung Hitlers unter anderem mit Außenminister von Neurath, Hermann Göring und Führern der Wehrmacht, in der der Diktator seine agressiven Kriegsziele gegenüber der Tschechoslowakei und den Kampf um „Lebensraum im Osten" erläuterte.

5   Zu den von Edouard Calic gefälschten „Geheimgesprächen" des Journalisten Richard Breiting mit Adolf Hitler im Jahr 1931 (erschienen 1986 unter dem Titel *Ohne Maske. Hitler-Breiting Geheimgespräche 1931*) die Darstellung von Karl-Heinz Janßen: *Calics Erzählungen*, in: Backes u.a.: *Reichstagsbrand*, S. 216-237.

6   Eckart Kehr (1902-1933) zählte zu den kritischen Außenseitern der deutschen Geschichtswissenschaft in der Weimarer Republik und wurde mit seinem bekannten Werk „Der Primat der Innenpolitik" zu einem Vorläufer der deutschen Sozialgeschichte nach 1945.

7   Dazu zuletzt: Hans Mommsen: *Der Widerstand gegen Hitler und die nationalsozialistische Judenverfolgung*, in: ders.: *Alternative zu Hitler. Studien zur Geschichte des deutschen Widerstandes*, München 2000, S. 384-415.

Lügen-Bücher.
Eine kommentierte Literaturschau

Steffen Dietzsch: *Kleine Kulturgeschichte der Lüge*, Reclam Verlag Leipzig 1998.

Der Philosoph geht darin der historischen Karriere der Lüge nach. Bereits in der Antike kann er unter anderem am Beispiel des Odysseus nachweisen, dass der Lügner keineswegs immer als der moralisch Unterlegene, sondern vielmehr als der wissend Überlegende erschien. Erst später avanciert die Lüge zu einem Grundübel; so prangerte Augustinus mit der sprachlichen Täuschung zugleich die Täuschung über die von Gott geschaffenen Strukturen von Welt und Mensch an. Mit der Neuzeit kam man überdies dahin, „vor allem den Schaden der Lüge im politischen, staatlichen oder konfessionellen Leben zu thematisieren", sie bedingungsvoll einzugrenzen beziehungsweise sie zu instrumentalisieren. Gleichwohl blieb das Problem der Lüge – und dies galt insbesondere für die politische Lüge – stets ein „Stachel im Fleisch des moralischen Bewusstseins". Steffen Dietzsch enthält sich der Verdammung der Lüge, sondern verweist in seiner gelungenen Einführung vielmehr darauf, dass der Kampf gegen die Lüge vom Resultat her allemal schlimmer erscheint als die Lüge selbst, „denn er kann zu einer Diktatur des Moralischen führen".

Georg Simmel: *Zur Psychologie und Soziologie der Lüge*, in: Ders.: *Gesamtausgabe*, hg. v. O. Rammstedt, Bd. 5, Suhrkamp Verlag Frankfurt/Main 1992, S. 406–419.

Mit diesem Essay zum Phänomen der Lüge hat Georg Simmel einen theoretischen Klassiker geschrieben, der auf wenigen Seiten durch eine anspruchsvolle Skizze der Lüge besticht. Neben einer einleitenden moralphilosophischen Behandlung des Phänomens entfaltet er den Begriff zunächst historisch-genetisch im Kontext einer angedeuteten Zivilisationstheorie. Hier zeigt Simmel im Sinn einer 'nietzscheanischen' Genealogie, dass sowohl die Lüge als auch die Wahrhaftigkeit historische Phänomene sind, die einer bestimmten gesellschaftlichen Entwicklung (Rationalisierung, Individualisierung, Disziplinierung) bedurften, um schließlich in der Zerbrechlichkeit moderner Individualität ihre ausdifferenzierteste Form zu finden. Dieser Individualität wendet sich der Autor dann psychologisch zu und analysiert die innere Struktur der Lüge, also ihr immanentes Verhältnis zu Intellekt und Einbildungskraft. Gerade der Intellekt wird beim Lügen auf das Höchste beansprucht, er ist die Bedingung einer jeden Lüge, die sich durchsetzen will. Wie die Lügen auf den einzelnen und dessen Intellektualität zurückschlagen, beschreibt Simmel schließlich an den Mechanismen der Lebenslüge. Denn der Selbstbetrug hebt die Schärfe des Verstandes auf und führt in die verschwommene Vorstellungswelt dessen, der an seine eigenen Lügen glauben muss, um zu leben.

Friedrich Nietzsche: *Ueber Wahrheit und Lüge im aussermoralischen Sinne*, in: Ders.: *Sämtliche Werke*, Kritische Studienausgabe, Bd. 1, hg. v. Giorgio Colli/Mazzino Montinari, Deutscher Taschenbuch Verlag München 1980, S. 875–890.

Im Jahr 1873 schrieb der junge Friedrich Nietzsche diesen provokanten Essay über die Menschen als 'kluge Tiere', die für ihn in einem ironischen Sinn die Krönung der Schöpfung darstellten: als Meister der Maskerade und der Lüge. Der Mensch sei nicht der Stellvertreter Gottes mit der hochentwickelten Fähigkeit, substantielle und ewige Wahrheiten zu erkennen. Vielmehr erfinde der Mensch mit dem ihm eigenen 'allzumenschlichen' Metapherntrieb seine Wahrheiten, um zu überleben und sich gegen andere durchzusetzen. Die Wahrheit besteht für Nietzsche also nicht in der adäquaten Spiegelung der Welt, sondern in der gesellschaftlichen Konventionalität von Sprachspielen: Wer gegen Konventionen verstößt, ist demnach ein Lügner. Der zu Nietzsches Lebzeiten unveröffentlichte Text ist nicht nur wegen seiner literarisch-ironischen Qualität zum Klassiker der Philosophiegeschichte geworden, sondern weil er die bis auf den heutigen Tag umstrittene Fähigkeit zur wahren Welterkenntnis dermaßen zuspitzt und destruiert, dass nur noch der konstruktive bzw. rhetorische Charakter von Wahrheitsansprüchen übrigbleibt. In seiner Kombination von genealogischem Denken und metapherntheoretischer Analyse der Sprache bleibt dieser Essay gerade für die Moderne ein Meilenstein der Sprachkritik.

Hannah Arendt: *Wahrheit und Lüge in der Politik. Zwei Essays*, Piper Verlag München 1972.

Mit ihren Überlegungen zu der Pentagon-Affäre und dem Vietnamkrieg der USA liefert die Autorin nicht nur eine spannende politische Analyse der sogenannten Pentagon-Papiere und der damaligen Situation, sondern führt den Leser darüber hinaus in verschiedene Spielarten von Lüge und Täuschung ein. So beschreibt Arendt zum einen den oft verschwiegenen, aber prinzipiellen Zusammenhang von Staat und Geheimhaltung sowie Politik und Täuschung in der Geschichte. Zum anderen aber zeigt sie – und dies erweitert den traditionellen Lügenbegriff –, dass ganz neue Strategien des Lügens in der Propaganda des amerikanischen Verteidigungsministeriums praktiziert wurden: nämlich die Techniken der Werbung (Public Relation) und Spieltheorien, die die Wirklichkeit des Vietnamkrieges einfach beiseite schieben wollten. Anregend und provokant bleibt schließlich ihr Gedanke, dass die menschliche Phantasie und Einbildungskraft sowohl die Quelle des Handelns, aber immer auch des Lügens darstellt.

Norbert Frei/Dirk van Laak/Michael Stolleis (Hg.): *Geschichte vor Gericht. Historiker, Richter und die Suche nach Gerechtigkeit*, Verlag C. H. Beck München 2000.

Dieser Sammelband mit elf Aufsätzen geht auf eine Veranstaltung des Frankfurter Historikertags 1998 zurück, während der die Verknüpfung von Zeitgeschichte und Justiz in ihrem wechselseitigen Bemühen um Wahrheit und Gerechtigkeit debattiert wurde. So beschreiben einige Beiträge den Historiker als Zeugen oder Sachverständigen vor Gericht (etwa im 1963 eröffneten Auschwitz-Prozess oder den 1997/98 geführten Papon-Prozess in Frankreich). Angesichts der weltweit zu beobachtenden Entwicklung, sogenannte „Wahrheits-Kommissionen" für die Auseinandersetzung mit der eigenen Vergangenheit einzusetzen (etwa in Südafrika, Argentinien oder mit der sogenannten „Bergier-Kommission" in der Schweiz), wird indes auch ein zuweilen emphatisches Verständnis von

Wahrheit sichtbar, wonach das Aussprechen von historischer Wahrheit „als wesentliche Voraussetzung von Vergebung und sozialem Frieden gilt". Indem die Lüge kaum thematisiert wird – obwohl sie dennoch als Bedrohung einer erstrebenswerten Konstruktion von „historischer Wahrheit" stets im Hintergrund steht –, gibt das Bändchen zugleich ein typisches Beispiel für die weitgehende Ausblendung dieses Phänomens durch die Zeitgeschichte.

Wolfgang Benz (Hg.): *Legenden, Lügen, Vorurteile. Ein Wörterbuch zur Zeitgeschichte*, Deutscher Taschenbuch Verlag München [9]1998.

Mit diesem Wörterbuch hat das Historiker-Team um Wolfgang Benz ein wichtiges Nachschlagewerk verfasst, das die umstrittensten Themen zur Zeitgeschichte behandelt und in knapper Form über wichtige historische Ereignisse und Kontexte informiert. Das Buch steht explizit in der Tradition der Aufklärung und wendet sich im besonderen gegen jede Form des gegenwärtigen Geschichtsrevisionismus. Dementsprechend werden sowohl umstrittene historische Dokumente und Ereignisse als auch komplexere Ursachenzusammenhänge diskutiert und dem Leser als Argumentationshilfe sachgerecht aufbereitet. Konzeptionell zielt das Wörterbuch weniger auf eine analytische Differenzierung zwischen den Begriffen Lüge, Legende und Mythos als vielmehr auf eine inhaltliche und faktische Sensibilisierung für die deutsche Geschichte des 20. Jahrhunderts im allgemeinen und die Zeit des Nationalsozialismus im besonderen. Das Buch richtet sich an ein breites Lesepublikum und nimmt insoweit die Herausforderung propagandistischer Geschichtsbilder ernst, als es diese ausdrücklich zurückweist und sich mit seinen Beiträgen in die öffentlichen Debatten einmischen will.

Till Bastian: *Auschwitz und die „Auschwitz-Lüge". Massenmord und Geschichtsfälschung*, Verlag C. H. Beck München [2]1994.

Till Bastian tritt mit seinem engagierten Buch einer der absurdesten Lügen revisionistischer Literatur entgegen: der „Auschwitz-Lüge". Immer wieder haben verschiedene Autoren versucht, die Existenz des Vernichtungslagers bzw. den Völkermord im ganzen zu leugnen oder seine verbrecherischen Dimensionen herunterzuspielen. Bastian zeigt demgegenüber in seinen theoretisch reflektierten und faktenreichen Ausführungen, wie haltlos, absurd und propagandistisch diese Versuche sind. Im ersten Teil seines Buches informiert er sowohl über die gesellschaftlichen und politischen Bedingungen der „Endlösung" als auch über das Lagersystem der Nationalsozialisten. Mit der konkreten Schilderung der Geschichte des Vernichtungslagers Auschwitz beendet der Autor diesen historiographischen Abschnitt seiner Darstellung. Im zweiten Teil wendet er sich dann der „Auschwitz-Lüge" zu und destruiert diese auf verschiedenen Ebenen der Argumentation. So beschreibt er zunächst die Quellenlage zur Geschichte des KZ Auschwitz, dann die Auschwitz-Prozesse, um schließlich auf die revisionistische Literatur selber einzugehen: Besonders der 1989 veröffentlichte „Leuchter-Report" wird ausführlich widerlegt und als pseudowissenschaftliches Konstrukt ohne Gehalt entlarvt. Indem Till Bastian aber nicht nur diese Lüge widerlegt, sondern sie zusätzlich in den geschichtspolitischen Kontext deutscher Gegenwart stellt, die er kritisch bewertet, ist sein Buch nicht nur faktengesättigt, sondern ein Eingriff gegen die „Entsorgung" der deutschen Vergangenheit (Wehler).

autonome a.f.r.i.k.a gruppe/Luther Blissett/Sonja Brünzels: *Handbuch der Kommunikationsguerilla/Jetzt helfe ich mir selbst*, Verlag Libertäre Assoziation/Verlag der Buchläden Schwarze Risse Berlin/Rote Strasse Göttingen o. J. [1998].

„Die hier beschriebenen Aktionen, Methoden und Techniken werden, soweit sie strafbare Handlungen umfassen, keinesfalls zur Nachahmung empfohlen", erklären die Herausgeber des Bandes, der ein Kompendium politisch-subversiver Täuschungs- und Fälschungsverfahren bietet: Gefakte Behördenbriefe mit absurden Anordnungen, doppelbödige Inszenierungen von Demonstrationen anlässlich des Auftritts politischer Bösewichte, gehässige Verfälschungen von Werbeplakaten und anderes mehr. In der Nachfolge der Provos und anderer Anarchisten des Lachens soll das 'System' durch Unterwanderung seines Zeichen- und Symbolapparats gestört werden. Das Handbuch enthält unter anderem eine Einführung in die politische Theorie der 'Kommunikationsguerilla' (Kulturelle Grammatik und Subversion), gefolgt von Kapiteln über Prinzipien und Methoden, Praxen und Anlässe. Der 'Serviceteil' listet einschlägige Post- und Internetkontakte auf.

Filippo Tommaso Marinetti: *Die futuristische Küche*, Klett-Cotta Stuttgart 1983.

Lange nachdem der Begründer des italienischen Futurismus geheiratet und sich dem Faschismus zugewandt hatte, erschien dieses raffinierte Lügenwerk. Der alternde Kunstrevolutionär mobilisierte noch einmal seine hochtourige Phantasie und erfand eine futuristische Gastronomie, die angeblich ganz Europa in Aufruhr versetze. Marinetti erklärt der seines Erachtens schlaff und träge machenden Pasta den Krieg und empfiehlt statt dessen eine dynamische Küche mit Rezepten wie „Luftspeise", „exaltiertes Schwein", „Flugzeugrumpf aus Kalbfleisch" oder „Handgranaten". Die Rezeptsammlung ergänzt er mit internationalen Presseberichten über Bankette in futuristischem Ambiente, mit Auszügen aus Professorengutachten über die Schädlichkeit von Pasta, Leserbriefen und anderen Dokumenten. Eine perfekt arrangierte Eulenspiegelei, die kaum zu durchschauen wäre, wiese nicht der Klappentext der deutschen Ausgabe darauf hin, dass die futuristische Küche nur in Marinettis Kopf existierte.

Wolfgang Hildesheimer: *Marbot. Eine Biographie*, Suhrkamp Verlag Frankfurt/Main 1981.

Andrew Marbot (1801-1830) war ein englischer Literat des frühen 19. Jahrhunderts wie er im Buche steht: reisefreudig, hochsensibel, eher sinnlich denn moralisch veranlagt. Ähnlich wie James Boswell im 18. Jahrhundert sammelte dieser Brite Begegnungen mit den Großen seines Zeitalters wie Ernst Jünger Insekten: Besuch bei Goethe in Weimar, Bekanntschaft mit Byron und Shelley, Delacroix und Schopenhauer. Hildesheimer spürt der äußeren und inneren Biographie Marbots nach, präsentiert Bekannte und Verwandte, den Herrensitz der Familie und die Reiseziele auf dem Kontinent. Bildtafeln und ein Personenregister erhöhen sowohl die Anschaulichkeit als auch die wissenschaftliche Brauchbarkeit der Biographie. Doch das Aufregendste an Marbot ist für Hildesheimer nicht dessen Lebenslauf, sondern seine besondere Sensibilität als Betrachter von Werken der bildenden Kunst. Marbots Notizen nehmen bereits den Blick der klassischen Moderne und die Interpretationsmodelle der Psychoanalyse vorweg. Da spielt es kaum eine Rolle, dass Hildesheimer Marbot nur erfunden hat: Die Darstellung ist so schlüssig, dass er eigentlich gelebt haben muss.

Umberto Eco: *Lüge und Ironie. Vier Lesarten zwischen Klassik und Comic*, Carl Hanser Verlag München Wien 1999.

Umberto Eco versammelt in diesem Bändchen vier Schriften, in denen es in höchst unterschiedlicher Weise um Strategien der Lüge, der Verstellung, des Missbrauchs der Sprache und der Umkehrung dieses Missbrauchs durch Ironie geht. Am Beispiel des 1977 verstorbenen italienischen Schriftstellers und Humoristen Achille Campanile spürt Eco beispielsweise dem Gegensatz zwischen einer „verbalen Sprache" als Vehikel der Lüge und den „natürlichen Zeichen" auf, mittels derer die einfachen Menschen den Mächtigen trotz allem immer wieder auf die Schliche kamen. Von Lügen „mit Worten, mit der Kleidung und dem Benehmen" handelt dagegen der Beitrag über den Grafen Cagliostro, der im 18. Jahrhundert als einflussreicher Spiritist durch Europa zog. Erst seine Täuschungen, so Umberto Eco, machten aus dem „kleinen Abenteurer" (den auch Schiller und Goethe literarisch verarbeitet haben) einen Mythos. Wenngleich bei Eco die Belehrung über das Phänomen der Lüge im engeren Sinne nicht im Mittelpunkt steht, bietet er einen höchst unterhaltsamen Streifzug durch die Geschichte der europäischen Literatur.

Band 18
Michael Spehr
Maschinensturm
Protest und Widerstand gegen
technische Neuerungen am Anfang
der Industrialisierung
ISBN 3-89691-118-X

2000 – 224 S. – DM 48,00
ÖS 350 – SFR 44,50
ISBN 3-89691-118-X

Band 17
Norbert Pütter
Teilnahme und Staatsbürgertum
Von der Etablierung und Verwandlung
des „politischen Bürgers".
Das Beispiel Württemberg
ISBN 3-89691-117-1

Band 16
Dietlind Hüchtker
**„Elende Mütter" und
„liederliche Weibspersonen"**
Geschlechterverhältnisse und
Armenpolitik 1770-1850 in Berlin
ISBN 3-89691-432-4

Band 15
Pierre Rosanvallon
**Der Staat in Frankreich
von 1789 bis heute**
ISBN 3-89691-411-1

Band 14
Alex Demirovic
Demokratie und Herrschaft
Aspekte kritischer Herrschaftstheorie
ISBN 3-929586-83-5

1997 - 288 S. - DM 68,00
ÖS 496 - SFR 62,00
ISBN 3-929586-83-5

im Verlag
WESTFÄLISCHES DAMPFBOOT

THEORIE UND GESCHICHTE DER BÜRGERLICHEN GESELLSCHAFT

Band 13
Bettina Busch-Geertsema
Schule wird Pflicht
Niederes Schulwesen zwischen
Nachbarschaft und Staat
ISBN 3-929586-82-7

Band 12
Volker Wellhöner
**„Wirtschaftswunder" – Weltmarkt
– Westdeutscher Fordismus**
Der Fall Volkswagen
ISBN 3-929586-71-1

Band 11
Bernd Zielinski
Staatskollaboration.
Vichy und der Arbeitskräfte-
einsatz im Dritten Reich
ISBN 3-929586-43-6

Band 10
Christiane Dienel
Kinderzahl und Staatsräson
Empfängnisverhütung und
Bevölkerungspolitik in Deutschland
und Frankreich bis 1918
ISBN 3-929586-42-8

1997 - 204 S. - DM 56,00
ÖS 409 - SFR 51,00
ISBN 3-929586-82-7

1996 – 391 S. – DM 88,00
ÖS 642 – SFR 80,00
ISBN 3-929586-71-1

THEORIE UND GESCHICHTE DER BÜRGERLICHEN GESELLSCHAFT

im Verlag
WESTFÄLISCHES DAMPFBOOT